2022年度江苏省社科应用研究精品工程高校思想政治教育专项课题“提升大学生体育核心素养的高校体育课程思政建研究”，课题编号：22SZC-040
江苏财经职业技术学院科研创新团队“体育课程思政建设科研创新团队”阶段性成果

高校素质拓展训练理论研究与创新实践

季宵磊 著

天津出版传媒集团
天津科学技术出版社

图书在版编目（CIP）数据

高校素质拓展训练理论研究与创新实践 / 季宵磊著 . 天津 : 天津科学技术出版社， 2024. 8. -- ISBN 978-7-5742-2397-4

Ⅰ . G640

中国国家版本馆 CIP 数据核字第 20248M4K23 号

高校素质拓展训练理论研究与创新实践

GAOXIAO SUZHI TUOZHAN XUNLIAN LILUN YANJIU YU CHUANGXIN SHIJIAN

责任编辑：刘　鸫

责任印制：兰　毅

出　　版：天津出版传媒集团
天津科学技术出版社

地　　址：天津市和平区西康路35号

邮　　编：300051

电　　话：（022）23332377

网　　址：www.tjkjcbs.com.cn

发　　行：新华书店经销

印　　刷：河北万卷印刷有限公司

开本 710×1000　1/16　印张　15.25　字数　206 000

2024年8月第1版第1次印刷

定价：88.00元

前　言

在当代社会，素质拓展训练已经成为高校实现培养学生综合素质这一教育目标的重要手段，并得到了教育者、研究者的广泛关注。素质拓展训练是一种通过组织系列的体验式活动，以提高参与者的心理素质、团队合作、领导才能和解决问题的能力等综合素质的培训方式。中共中央、国务院颁布的《关于深化教育改革全面推进素质教育的决定》和共青团中央、教育部、中华全国学生联合会联合发起的《关于实施“大学生素质拓展计划”的意见》中，强调了大学生素质拓展训练的重要地位，并从实施意义、实施内容、实施保障等多个方面，对开展大学生素质拓展训练进行了明确规定。将素质拓展训练纳入高校教学体系范畴，有助于锻炼大学生的心理素质，帮助大学生深入理解学到的知识和技能，为大学生更好地适应社会打下良好的基础。因此，本书重点研究高校素质拓展训练课程的构建方法与策略，指导高校教师顺利开展素质拓展训练的各个教学环节的工作，帮助高校找到真正适合自己学校的素质拓展训练课程建设路径。

本书共包括六章内容。第一章主要分析素质拓展训练的研究背景、目的与意义，根据基础理论确定研究思路与方法。第二章为文献综述，主要探讨素质拓展训练的概念、发展历程、价值意蕴与研究趋势。第三章为高校素质拓展训练课程体系，主要包括课程目标体系、课程内容体系、课程实施体系、课程评价体系、课程教学模式等几大模块。第四章从师资、基地、软硬件设施等维度深入探讨高校素质拓展训练课程资源体系建设的意义与策略。第五章探讨高校素质拓展训练课程教学体系，具体分析素质拓展训练课程的实施步骤与实施路径。第六章主要分析高校素质拓展训练安全保护的原则与措施，并探讨素质拓展训练中常见的意外伤害与处理方法。本书理论研究和实践案例结合紧密，希望能够为读者带来一定的启发与参考。

由于作者水平有限，文中疏漏在所难免，敬请广大读者、同仁批评指正。

目 录

第一章　问题的提出

为顺应时代发展，高校应不断加强素质教育，积极培育德、智、体、美、劳全面发展的社会主义事业建设者和接班人。现代教育观念强调学生的全面发展，不仅要提升他们的知识素养，还要关注他们在情感、身体、社交和道德等方面的发展。素质拓展训练正好能够满足这种教育需求，能够帮助学生提高自我认知、增强自信、培养人际交往和团队合作能力。随着我国经济的转型和社会的发展，单纯的学术成果和专业技能已不能满足社会对于高校毕业生的需求。企业和社会更加重视毕业生的综合素质，如团队合作能力、思维创新能力、沟通能力等。因此，为更好地帮助学生认清就业形势，培养和提升学生的综合素质和团结协作能力，高校需要重视素质拓展训练课程体系的构建与实施。素质拓展训练不仅是对传统教育观念的颠覆和创新，更是对现有教育模式的补充与完善。它旨在打破教育过程中长期形成的封闭式格局，为学生提供一个更开放的学习环境，使他们在真实的场景中锻炼、学习与成长，进而更好地融入社会、与他人合作。构建并完善素质拓展训练课程体系是现代高校教育改革的重要内容，对于丰富和扩展普通高校的课程体系具有十分重要的作用，符合高等教育现代化的发展趋势。通过系统的素质拓展训练，高校能够培养出适应时代、具备综合素质、既有知识储备又有实践能力的专业人才，为社会发展做出更大的贡献。

第一节　研究背景、研究目的和意义

伴随着素质教育的不断深入，知识经济时代悄然到来，人力资源的开发和利用已经成为当下经济和社会可持续发展的决定性因素。教育的发展是人力资源开发的基础环节，作为经济发展的基石，教育在建设中国特色社会主义，实现中华民族伟大复兴过程中，起着至关重要的作用。

一、研究背景

2002 年，中华人民共和国教育部颁布的《全国普通高等学校体育课程教学指导纲要》(以下简称《纲要》) 明确指出，体育课程的基本目标包括以下五个领域。第一，运动参与目标。积极参与各种体育活动并基本形成自觉锻炼的习惯，基本形成终身体育的意识，能够编制可行的个人锻炼计划，具有一定的体育文化欣赏能力。第二，运动技能目标。熟练掌握两项以上健身运动的基本方法和技能；能科学地进行体育锻炼，提高自己的运动能力；掌握常见运动创伤的处置方法。第三，身体健康目标。能测试和评价体质健康状况，掌握有效提高身体素质、全面发展体能的知识与方法；能合理选择人体需要的健康营养食品；养成良好的行为习惯，形成健康的生活方式；具有健康的体魄。第四，心理健康目标。根据自己的能力设置体育学习目标；自觉通过体育活动改善心理状态、克服心理障碍，养成积极乐观的生活态度；运用适宜的方法调节自己的情绪；在运动中体验运动的乐趣和成功的感觉。第五，社会适应目标。表现出良好的体育道德和合作精神；正确处理竞争与合作的关系。①

2014 年，教育部颁布的《教育部关于全面深化课程改革落实立德树

① 全国普通高等学校体育课程教学指导纲要 [J]. 中国学校体育，2002(6)：5–7.

人根本任务的意见》指出：按照学生的成长规律和社会对人才的要求，将以往德智体美全面发展的要求与新时期社会主义核心价值观的内容具体细化，明确回答“培养什么人、怎样培养人”的问题。教育部组织各方研究各学段学生发展核心素质体系，给出学生应具备的适应终身发展和社会发展需要的必备品格和关键能力标准，强调个人修养、社会关爱、家国情怀，同时关注学生自主发展、合作参与、创新实践的能力。①

文件中明确要求要将综合实践活动、技术、音乐、美术、体育等课程开设情况作为考核学校工作的重要内容，强调了体育与健康课程的重要地位。

2016 年，国务院办公厅印发的《关于强化学校体育促进学生身心健康全面发展的意见》中指出：坚持群体活动与运动竞赛相协调。面向全体学生，广泛开展普及性体育活动，有序开展课余训练和运动竞赛，积极培养体育后备人才，大力营造校园体育文化，全面提高学生体育素养。②

2020 年，中共中央办公厅、国务院办公厅印发的《关于全面加强和改进新时代学校体育工作的意见》指出，高等教育阶段体育课程与创新人才培养相结合，培养具有崇高精神追求、高尚人格修养的高素质人才。逐步完善“健康知识 + 基本运动技能 + 专项运动技能”的学校体育教学模式。健全体育锻炼制度，广泛开展普及性体育运动，定期举办学生运动会或体育节，组建体育兴趣小组、社团和俱乐部，推动学生积极参与常规课余训练和体育竞赛。③

作为培养参与者身体、智力、情感、意志、团队合作和其他综合素

① 乔玉全．全面深化课程改革 落实立德树人根本任务 [J]. 中国现代教育装备，2014（16）：6-8.

② 国务院办公厅．国务院办公厅关于强化学校体育促进学生身心健康全面发展的意见 [J]. 中华人民共和国国务院公报，2016(14)：37-40.

③ 中共中央办公厅，国务院办公厅．中共中央办公厅 国务院办公厅印发《关于全面加强和改进新时代学校体育工作的意见》[J]. 体育教学，2020，40(10)：5-7.

质的重要手段，素质拓展训练目前已被广泛应用于各大高校。将素质拓展训练课程纳入高校体育课程体系当中，符合当前素质教育的要求，体现着立德树人根本任务。新时代的学校体育，更加注重学生的全面发展，不仅强调体育技能的培养，还强调培养学生的团队协作、挑战自我、解决问题等综合能力。素质拓展训练正好能够满足这一需求，通过各种形式的活动，使学生在体验、挑战和合作中增强自信、提高沟通能力和磨炼意志。

当前，随着教育理念的不断更新与深化，许多高校都已经认识到素质拓展训练对学生全面发展的重要性，并尝试将其纳入教育体系中。在实践中，部分高校取得了一定成果，为学生提供了多样化的学习体验。然而，由于各高校的实际情况、资源配置和培训经验等方面存在差异，素质拓展训练的推广和深化仍然面临一系列的挑战。一些学校在实施过程中可能还处于起步阶段，需要进一步总结经验、完善方法。因此，如何在现有的基础上，结合各高校的实际情况，构建更为完善、系统的高校素质拓展训练体系，以更好地满足学生和社会的需求，成为当前高校教育领域重要的研究课题。

二、研究目的

当前社会，大学生被赋予了更为重要的历史使命，他们是国家建设的主力军，是社会进步的先锋。如何确保大学生群体在不断涌动的知识经济潮流中稳固立足，成为我国教育改革的核心课题。随着科技与知识的快速进步，国家对于高素质人才的需求也日益增长，这不仅要求大学生拥有扎实的专业知识，更需要他们具备全方位的人文素养、社会责任感、团队合作能力以及面对各种挑战的信心。尤其在经济全球化的背景下，高等教育必须迎合这一转变，积极寻找与之相匹配的教育模式和手段。

在此背景下，我国的教育形式呈现出各个阶段各有侧重的特点，尤其在高等教育层面，学科知识的细化和深化成为高校教育的重要任务。体育与健康课程，在各个阶段均发挥着基石的作用，也能够充分地促进学生身心健康的发展。目前，传统的体育教育模式已经难以满足学生身心全面发展的需求，高校需要进一步完善对学生心理健康、身体健康的培养。而素质拓展训练以其独特的项目创新性和身心融合性，为高校的体育教学改革提供了可能。因此，研究高校素质拓展训练课程体系的构建与创新实践，能满足新时代大学生全面发展的需求，进一步完善我国高等教育体系。在高校中积极构建素质拓展训练课程体系，创新素质拓展训练的教学方法、教学模式，有助于高校培养出既有技能又有心理素质的复合型人才，更能为我国的教育现代化和强国建设提供有力支撑，为中华民族伟大复兴作出积极贡献。

三、研究意义

（一）促进教育改革

本研究可以为高校教育改革提供理论支撑和实践经验，助力高校从传统教育模式转变为更具创新性的教育模式。促进教育改革是时代发展的必然要求，也是教育领域追求卓越的标志。高校作为培养先进人才的摇篮，面临的是如何跟上这一时代的步伐，提供更具前瞻性和应用性的教育的问题。素质拓展训练是当下教育界的热门课题，它的出现，是对传统教育模式的一次有力挑战。这不仅是因为它强调学生全面素质的培养，更因为它可以让学生在实践中体验学习、合作与挑战。与此同时，它也能够为教育者打开一扇新的大门，让他们可以探索更为现代化、多元化的教育方式。随着社会的进步和知识经济的快速发展，高校教育的改革势在必行。本研究通过对素质拓展训练的深入剖析和实践，能够为高校教育改革提供有力的支撑，推动高校教育从传统模式向更具创新性的方向转变。

（二）提高学生综合素质

素质拓展训练可以帮助学生提高自身的综合素质，如团队合作能力、沟通能力、解决问题的能力等，为其未来的工作和生活打下坚实的基础。在现代社会中，单一的学科知识或技能已不能满足复杂多变的工作和生活需求。在激烈的职场竞争中，综合素质的高低成为决定个体是否成功的关键因素。在这种背景下，素质拓展训练在高等教育中的重要性逐渐显现。素质拓展训练不仅关注学生的身体锻炼，更注重培养学生的心理素质和社交能力。这种训练方式不同于传统的课堂教学，它通过一系列的实践活动，让学生在真实的环境中学会团队合作、与人沟通和解决问题。例如，当学生在素质拓展训练中面对一项挑战时，他们需要与团队成员沟通、合作，制定策略并解决问题，这不仅能够锻炼他们的团队协作能力，还有助于提高他们的创新思维和应变能力。此外，通过素质拓展训练，学生可以更好地认识自己，了解自己的优点和不足，从而加强自我管理和持续学习。这对于他们未来的职业生涯和生活都是至关重要的。一个具备高综合素质的人不仅能够在职场中脱颖而出，更能在日常生活中处理各种复杂的人际关系和突发事件。因此，研究高校素质拓展训练的相关理论与其构建策略，对于学生综合素质的提升具有积极的推动作用。

（三）为高校提供实践参考

深入研究素质拓展训练的理论框架和具体实践经验，可以为高校开展素质拓展训练提供参考依据。借助这些理论和经验，高校不仅可以更好地了解素质拓展训练的内涵和外延，还可以根据本校的实际情况，对素质拓展训练的内容、方式、方法等进行设计和调整。高校还可以根据本研究提供的实践经验，避免在实施素质拓展训练时可能出现的问题，确保训练效果的最大化。此外，高校还可以在本研究的基础上，结合自己的特色，进行更为创新的尝试，推动素质拓展训练向更深层次、更高水平发展。

第二节 基础理论

素质拓展训练课程是一种体验式的学习模式，其中的每个环节都会受到其他学科理论的影响。因此，教育者在制定素质拓展训练课程时，需要以教育学、体育学和心理学等学科的理论知识作为基础。

一、教育学

19 世纪末至 20 世纪初，美国教育界出现了实用主义学说。这一学说是由约翰·杜威（John Dewey）提出的，并在其作品《民本主义与教育》中得到了深入阐述。随后他发表的《艺术即体验》更进一步强调了体验在学习过程中的关键作用。杜威从实用主义的角度出发，对当时以学科教材为中心、与实际生活脱节的教育方式提出了批判。他认为学生应当在真实的生活环境中学习，由此提出了一系列经典观点："教育即生活"教育即生长""学校即社会"及"从做中学"。[①] 杜威的这些观点，尤其是"从做中学"，不仅深刻体现了经验主义的色彩，也为后来的教育理论与实践带来了新的视角。事实上，这种重视体验和实践的教育观念已逐渐为现代教育学所接受，并成为素质拓展训练的理论基石。

"从做中学"的理论观点，主张学习不应仅局限于纯理论的讲授和书本知识的传授，而应该让学生通过实际的行动、操作和体验来深化对知识的理解。而素质拓展训练旨在培养学生的综合素质，不仅是知识和技能，还包括情感、态度、价值观等。在实际的操作和体验中，学生可以全方位地得到培养和提高。在素质拓展训练中，学生通过实践活动，如

① 杜威 . 杜威教育论著选 [M]. 赵祥麟，王承绪，编译 . 上海：华东师范大学出版社，1981：351.

团队合作、项目实施等，能够真实地体验到知识和技能在生活中的应用。这种亲身体验可以帮助学生深化对学习内容的理解，并将理论知识转化为实际能力。因此，“从做中学”的教育观念与素质拓展训练的目标和内容高度契合，可以被视为素质拓展训练的理论基础。

除此之外，教育学中的建构主义学习理论、情境学习理论、合作学习理论等也为高校素质拓展训练课程的构建与实施提供了必要的理论基础。

（一）建构主义学习理论

素质拓展训练强调学生的主动参与和实践经验。建构主义学习理论认为，学习是学生自己建构知识的过程[①]。在这一理论下，学生通过实践、探索和解决问题，深化对知识的理解和运用。在建构主义学习理论的指导下，高校开展素质拓展训练应注重为学生创设一个真实、情境化的学习环境，使学生能够在实际情境中与他人互动、解决问题，并在这一过程中不断地构建、调整和完善自己的知识体系。这意味着，教学应远离传统的灌输式教育，转向以学生为中心的探究式学习。此外，高校应该提供丰富的资源和工具，鼓励学生从多种途径获取信息，培养他们独立思考和自主学习的能力。同时，教师的角色也应从传统的知识传递者转变为学习者的引导者和合作伙伴，帮助他们建立联系、探索新的思路并促进他们对知识的深层次理解。

（二）情境学习理论

情境学习理论主张学习是一个社会化的过程，它发生在与真实世界紧密相关的情境中。即知识并不是独立于其背景和情境的，而是与其所在的文化、社会和情境紧密地联系在一起。这种观点强调，较为有效的

① 唐圣锋，刘华，曾俊彦．生本教学探索与实践 [M]. 芜湖：安徽师范大学出版社，2021：13.

学习当发生在与学习内容相关的实际情境中，并且学习者在此过程中参与互动和合作。

素质拓展训练旨在提高学生的综合素质，如提高学生的团队合作能力、沟通能力、解决问题的能力等。情境学习理论为这种训练提供了理论支撑，因为它强调在真实或模拟的情境中进行学习。在这样的环境中，学生有机会运用他们的知识和技能来解决真实的问题，同时与其他学生互动和合作，共同完成任务。这样的学习经验使学生能够更好地将学到的知识与实际情境结合起来，从而更加深入和持久地掌握它。

学习是一个连续的过程，学习者需要在不同的情境中不断地调整和完善自己的认知结构。这与素质拓展训练中的思想相吻合，即学生需要在不断变化的情境中，通过实际行动和实践，培养和提高自己的综合素质。情境学习理论强调为学生提供一个真实、富有挑战性的环境，使学生能够在实践中提高自己的综合素质，这也正是素质拓展训练所追求的目标。

（三）合作学习理论

合作学习理论强调学习者之间的互动和合作对于知识的构建和理解的重要性。这种学习模式鼓励学生分工合作，相互讨论，共同解决问题，从而深入理解学习内容。合作学习不仅关心学生的认知发展，还重视学生的社会性发展，认为在一个积极、互助的学习环境中，学生更容易获得成功的学习体验。而素质拓展训练旨在提升学生的综合素质，其中包括团队协作、人际沟通、批判性思考和解决问题的能力等。合作学习理论为这种训练提供了坚实的理论基础，因为通过与他人合作，学生可以更好地理解和掌握知识，同时培养与他人沟通和合作的技巧。在合作学习中，每个学生都是一个重要的资源，他们之间的交流和合作可以帮助彼此克服学习障碍，共同完成任务。这种互动式的学习过程促使学生更加主动、积极地参与学习，同时也能够锻炼学生的社交技巧和培养学生的团队合作精神。

二、心理学

高校素质拓展训练的实质不仅仅局限于某一活动项目，更重要的是它涉及参与者的心理过程和成长体验。正因为如此，素质拓展训练具有广泛的心理学基础。

（一）认知发展理论

认知发展理论主要关注人类如何获取、组织和使用知识。个体通过与环境的互动，逐渐地将外部的知识和经验同化，并内化为自己的心理结构。在素质拓展训练中，学生正是通过这种方式，将面对的挑战和问题逐渐转化为自己的经验和知识。从认知发展理论的角度看，每位学生在参与拓展训练时都有其独特的认知结构和知觉方式。这就意味着，同一个训练项目在不同学生眼中可能会有不同的解读和体验。一些学生可能会有产生一些认知偏差，这可能是由过去的经验、成长背景或是个性因素导致的。因此，在设计课程时，教师需要考虑这些可能的认知偏差，为学生创设一个可以引发深层思考和自我反思的学习环境。

（二）社会心理学理论

素质拓展训练并不仅仅是一个技能或知识的传授过程，还是一个情景模拟的过程，可以让学生亲身体验、参与其中，从实际操作中学习和成长。而在这些情境中，学生需要面对的不仅仅是任务本身，更多的是与团队成员的沟通、协作和互动。在这样的背景下，了解和掌握社会心理学的相关知识，可以帮助学生更加有效地参与活动，更好地处理人际关系，进而优化团队合作的效果。例如，了解团体内部成员容易出现的从众心理，可以帮助学生警惕“随大流”的思维陷阱，鼓励他们勇于表达自己的观点；理解社会认同和归属感的重要性，可以让每个成员都感受到自己在团队中的价值。同时，通过探讨团队中的角色分配、竞争与合作等现象，大学生可以更加全面地理解和体验社会互动的复杂性，为今后的生活和工作积累宝贵经验。

因此，教师在开展素质拓展训练时，应融入社会心理学的相关内容，设计情境和任务来引导大学生实际体验、思考和学习。在训练过程中，教练不仅要注重任务的完成情况，更要关注大学生在人际交往中的感受和收获，引导大学生进行反思，从中得到成长。

（三）自我效能感理论

自我效能感理论由心理学家班杜拉（Bandura）提出，主张一个人对自己能否成功完成某项活动的信心会影响其行为选择、努力程度和坚持时长。[①]而素质拓展训练通过各种挑战和实践活动，可以增强学生的自我效能感，使他们更有信心面对未来的困难和挑战。因此，开展素质拓展训练时，教师需要精心设计活动，确保每位学生都有机会体验成功。这不意味着活动应该简单化，而是说活动应该允许学生在努力后达到目标。反馈在活动中起到了关键作用。积极、具体的反馈可以加强学生的自我效能感，让他们意识到自己的成长和进步。同时，训练中的反思环节也很重要，学生可以在此过程中认识到努力的意义，从而加深他们的自我效能感。

三、管理学

管理学是研究组织如何有效地规划、组织、指导和控制其活动以实现既定目标的学科。它主要关注的是人、任务、结构和环境之间的相互关系，旨在寻找最佳的组织方式来达到组织的目标。根据管理学的相关理念实施素质拓展训练，大学生能够结合自身的兴趣、性格特点及职业规划，采用科学与系统的方式来实现自己的素质拓展目标。从本质上看，将管理学的理念与原理引入素质拓展课程，不仅可以让大学生掌握诸多

① BANDURA A. Self-efficacy：Toward a Unifying Theory of Behavioral Change[J]. Psychological Review，1977，84（2）：191-215.

关键的管理观念与策略，更能够使他们深化对管理思维的理解。这样的教学方式不仅有助于提升大学生的综合素质和分析决策能力，还有助于培养他们的创新与协作精神。这正是高校体育中素质拓展课程的深层次目的，可以为学生走入社会奠定坚实的基础。

在素质拓展训练中，管理学的理论如管理环境、计划的构建、组织构架、领导方式与控制策略都能够得到很好的应用和实践。其中，沟通在管理学中占据了重要的位置，而在素质拓展的多个项目中，沟通也是一个不可或缺的环节。总之，素质拓展训练的实施与开展，与管理学理论有着密切联系，它是管理学原理的最佳体现。

素质拓展训练融合了管理学的诸多理论，以“罗马战车”为例，该训练项目在表面上看似是一场团队协作的游戏，但在深层次上，它实际上模拟了企业的组织结构和工作流程。在这一过程中，学生们不仅要扮演不同的角色，还要面对管理学中经常讨论的各种问题，例如，如何进行高效的沟通、如何做出决策、如何协调上下级关系等。上层领导的角色体现着管理学中的战略规划和决策制定，他们需要对整个项目有一个全局的视角，确保目标的明确与可实施。中层领导则更多地扮演着桥梁的角色，他们既要确保上层的指示被准确地传达给下层，同时也需要将基层的反馈和建议上报，确保信息的双向流通。而基层员工的角色则更注重执行，他们要按照指令完成各自的任务，同时也要时刻关注任务的进展，并向上级反馈。这样的模拟实际上体现着管理学中的组织结构、沟通机制和工作分配等理念。在参与素质拓展训练的过程中，学生不仅能够理解管理学的相关知识，还能在实践中锻炼自己的管理能力。

四、体育学

体育学，是一门研究体育活动全过程的学科，为学校体育的素质拓展课程教学提供了坚实的理论支撑。体育教学的目的不仅仅是培训技巧或提高体能，还要根据特定的规律和特点来设计教学内容和目标。这些特性并不是孤立的，而是与社会的变迁紧密联系，反映了社会对人才需求的不断变化。

素质拓展训练与体育教学有许多相似之处。素质拓展训练，作为一种新型的教育模式，旨在全方位促进学生的身心发展，培养其坚强的意志与稳定的心理素质。这一目标与体育教学的核心意旨高度契合。事实上，素质拓展训练可以被看作是体育功能在社会层面的具体展现和深度延展。在教学方法上，素质拓展训练和体育教学均采用了体验式的方式。通过精心设计的模拟场景和拓展项目，学生得以在实际的活动中发掘和认知自我，从而实现自我价值的提升。这种模式与体育教学中的模仿与竞赛相似，强调的都是实践与体验。

显然，体育学与素质拓展训练之间存在着诸多的共通之处，如特性、目标、应用的原理和方法等。体育学的理论可以为素质拓展训练课程教学注入活力，使其更加丰富和有深度。反之，将素质拓展训练作为体育学的实践载体，也能够为学生提供一个生动、趣味性强的学习环境，让他们在参与中巩固所学的理论知识。

五、组织行为学

组织行为学是对个体和群体在组织中的行为及其之间的互动进行研究的一门学科，主要侧重于提高组织效益和个人满足度。组织行为学结合了心理学、社会学和文化人类学等学科的知识，为人们在组织环境中的行为提供了理论框架和实践基础。

素质拓展训练，作为一种以增强学生实践能力和团队协作为目标的活动，与组织行为学有着紧密的联系。在开展素质拓展训练时，团队合作能力、沟通技巧、冲突解决技巧和领导能力等都是核心元素。而这些内容也正是组织行为学关注的重点。当学生在团队中遇到分歧时，组织行为学提供的冲突解决技巧可以帮助他们更有效的沟通和协商。当学生在活动中担任领导角色，组织行为学中的领导理论可以指导他们更好地引导和激励团队。

为了有效地开展素质拓展训练，教师应深入了解组织行为学的相关理论和方法，并将其融入训练活动中。教师在设计和实施训练项目时，需要考虑如何培养学生的团队协作能力，如何加强沟通和解决冲突的技巧以及如何培养学生的领导潜能。此外，为了确保学生能够真正从活动中受益，教师还应鼓励学生在活动结束后进行反思，思考他们在活动中学到了什么，以及如何将所学应用到日常生活和未来的职业生涯中。

第三节　研究思路和研究方法

一、研究思路

首先，本书厘清了高校素质拓展训练的研究背景、目的与意义，分析了素质拓展训练课程体系建设的基础理论，为后续的研究提供坚实的理论支撑。在此基础上，本书对素质拓展训练的概念进行了界定，深入探究了素质拓展训练的发展历程、价值意蕴与研究趋势。其次，本书从课程目标、课程内容、课程实施体系、课程评价、教学模式等角度出发，探索构建高校素质拓展训练课程体系，并综合考虑师资、基地、硬软件设施等多方面的因素，对高校素质拓展训练的资源体系进行了探讨。再次，本书深入剖析了教学实践过程中的教学前期准备、教学内容、教学实施过程、教学方法与手段、教学评价等环节，系统性地探讨了课程的设计、实施和反馈过程。最后，本书还对高校素质拓展训练的安全体系进行了探讨，以期为高校提供一套完整的素质拓展训练课程实施方案。本书还结合大量的实践案例，验证理论的可行性，以期为高校提供具体的操作指导。

二、研究方法

本研究主要采用了文献资料法、调查分析法、案例研究法、专家访谈法等研究方法。

（一）文献资料法

通过互联网登录中国期刊网官方网站，查阅有关素质拓展训练、高校体育改革、高校体育课程构建、体育学、教育学、心理学等方面的资料以及国外与素质拓展训练相关的资料和课程理论。通过对文献资料的搜集整理，探索高校素质拓展训练课程的构建思路与实施措施，为素质拓展训练在高校中的应用研究提供一定的理论依据。

（二）案例研究法

本研究选用案例研究法，以江苏财经职业技术学院的素质拓展活动为实证对象。通过对江苏财经职业技术学院素质拓展活动的深入分析，著者希望能揭示素质拓展训练在高校体育课程中的实践特点、成功经验及可能面临的挑战，从而为其他学校在素质拓展训练方面提供有益的参考和借鉴。

（三）专家访谈法

根据研究需要，针对高校体育课程开设情况、素质拓展训练的优势、学生培养、学生心理健康发展、职业生涯规划等相关问题，与部分教授、专家以及从事素质拓展训练工作的专业人员进行沟通交流，探索在高校体育课程中开展素质拓展训练的必要性和可行性，提出构建高校素质拓展训练课程体系的整体思路与实践路径。

第二章　文献综述

第一节　素质拓展训练概念

与传统的认知教育不同，素质拓展训练是一种基于体验式学习的教育活动。体验式学习为学生创造真实或模拟的环境，通过亲身参与人际活动，他们能积累经验并获得新的认识。在这一过程中，学生们还能与他人交流、分享自己的见解，之后再进行深入的反思和总结，将这些感悟提炼为理论，并将其应用到实际情境中。简言之，以活动为起点，经由实践获得知识的过程，称之为“体验式学习”。与传统的以教师为中心的教育模式不同，体验式学习将焦点放在学生身上，坚信“教”不必然导致“学”，并不确保学生真正掌握了技能。基于这一观点，大卫·库伯（David Kolb）在 20 世纪 80 年代初提出了体验式学习理论，并构建了一个循环的体验学习模型：从实际体验出发，到分享观点，再到深入反思，然后提炼为理论，并最终应用到实践中，如此反复。库伯强调，真正有益的学习始于体验，进而形成观点，随后进行深入思考，总结出理论，并将其运用于实践中。现如今，体验式学习理论已广泛应用于多种培训和教育实践中，对设计和开发终身学习模式产生了深远的影响。这种在实践中进行学习的方法确保了学生能够充分地发挥他们的知识和潜能，被视为提高学习效率的关键方式。

素质拓展训练是一种综合性的素质教育方法，它的核心目的在于提高个体的心理素质。不同于传统的知识和技能培训，素质拓展训练更强调通过实践活动中的体验和感悟来达到培训目标。素质拓展训练是一种体验式的学习方式，主要在户外进行，其中涉及一系列精心设计的新颖和富有挑战性的情境，使学生能够深入其中，解决实际问题。素质拓展训练不仅能够激发学生的潜能，还可以让学生重新审视人与人、人与集体、人与自然的关系。这种交互和体验，能让学生对自己有更清晰的认识，也能让学生感受到团队的力量。

素质拓展训练通过精心构建的特定场景，为现代企业提供了专门针对团队建设需求的体验式培训方案。这种培训内容丰富、形式多样，具有深刻的启示意义。在素质拓展训练中，教师通常会采用启发式的教育方法，使参与者获得一定的训练经验。这样一来，每一项活动所传达的深邃思想和理念便能深深植入团队成员的内心，以便在未来的工作和生活中释放其潜在价值。素质拓展训练不仅仅局限于体能训练、体育竞技或休闲娱乐活动。它是一种深度的体验探索，可以让团队成员相互交流，并分享在训练过程中的所得。在这个过程中，团队成员能够深入发掘自己的潜在能力，体验克服困难带来的成就感，进而形成一种积极向上的态度，推动个体能力的持续迁移和发展。

关于素质拓展训练的概念，不同的学者有着不同的看法，但整体来看，大致包含以下几点。

一是强调素质拓展训练的理论基础。例如，杨加强认为，素质拓展训练是借助于心理学、教育学、行为科学以及运动生理学等学科的相关成果作理论支撑，针对学生的身心发展特点和教学需要设计出来的新型课程模式。[①]而黄紫霞则认为，素质拓展训练是从人的心理发展、人格塑

① 杨加强．普通高校素质拓展训练课程体系构建研究 [J]. 重庆文理学院学报（自然科学版），2009，28(6)：57-61.

造角度出发，进行体验式学习的一种新型的现代教育的一种训练课程。①

二是强调素质拓展训练的教学方式。例如，夏光祥等认为，素质拓展训练，是指利用多种典型场景和活动方式的组合，在设定的陌生情景或特定环境条件下，通过专门设计的具有挑战性的课程，以团队学习和个人挑战为组织形式，以身体感官运动为依托，以趣味游戏为主要活动形式，以分享感悟为反馈手段，让团队和个人经历一系列的考验，最终促进参与者体质健康的增强、良好心理素质的培养、团队合作意识的形成等方面的全新学习方法和训练方式。②李庆岩认为，素质拓展训练是借助于精心设计的特殊情境，以专门配合现代企业进行团队建设需要而设计的一套体验式培训。③

三是强调素质拓展训练的教学效果。例如，黄艺农等认为，素质拓展训练是区别于传统培训意义上的一种新型教育方法，它要求参加训练的个人首先要充分地参与训练活动来获得感官上的直接认知，然后听从培训师的专业指导和团队成员进行互动交流，在这个过程中不断地发现自己的弱点，提升个人的理性认识，完善自身素质。④刘星慧认为，素质拓展训练主要通过对户外场地的组织策划，以典型性与趣味化作为活动的极限条件，通过参与相关游戏活动获得亲身体验，心理素质得以提高，它兼具体能与实践的综合素质教育，使人们认识到自身的潜能。⑤

综合上述观点，本书认为，素质拓展训练既不同于普通培训，也不

---

① 黄紫霞．素质拓展训练对初中生心理健康和人际信任影响的实验研究 [D]. 温州：温州大学，2019.

② 夏光祥，张歌，尹伟等．素质拓展训练融入小学体育教学的应用分析 [J]. 当代体育科技，2014，4(16)：20−21.

③ 李庆岩．企业培训新形式—素质拓展训练的研究 [D]. 天津：天津大学，2009.

④ 黄艺农，刘雯．论素质拓展训练在高校培养学生中的作用及其推广 [J]. 湖南师范大学教育科学学报，2006(6)：58−61.

⑤ 刘星慧．素质拓展训练在高职体育教学中的应用分析与研究 [J]. 中小企业管理与科技（上旬刊），2016(9)：163−164.

同于传统的高校体育教育，具有一定的独特性，如表 2-1 所示。

表2-1 素质拓展训练与传统高校体育教育、普通培训的比较

对比维度	素质拓展训练	传统高校体育教育	普通培训
目的	促进个体全面发展，提高身心素质	提高体育技能，强健体魄	传递特定知识和技能
内容	跨领域的活动和挑战	体育技能和运动训练	特定领域或技能的学习
方法	实践、挑战、团队合作	指导、练习、反复训练	讲座、演示、模仿
参与者角色	主动参与者、探索者	学生、训练者	听众、模仿者
教育者角色	引导者、协助者	教练、指导者	讲授者、专家
反馈与评估	过程中的实时反馈、自我评估	成绩、比赛、技能测试	结果导向、测试
成果	个体的心理与身体均衡发展	运动技能、体质提升	技能或知识掌握
长远影响	提高解决问题能力、团队协作能力、领导力	体育技能掌握、健康生活习惯培养	特定领域知识与技能的增强

素质拓展训练课程是在一定的情境或者环境条件下，以身体活动为主要内容、以娱乐为活动形式的，旨在提升学生素质发展的一种课程。①虽然素质拓展训练与传统高校体育教育、普通培训有着明显区别，但这并不意味着素质拓展训练与其他两者是对立的，不能相融的。实际上，在高校体育教育中引入素质拓展训练，不仅有助于提高学生体质，还能够促进学生身心健康发展，这也是高校素质教育的基本要求。

① 季宵磊．关于高职院校素质拓展训练课程体系的研究 [J]. 当代体育科技，2012，2(26)：46−47.

第二节　素质拓展训练发展历程

素质拓展训练是一种现代化的学习与培训方法，旨在全方位地发掘和增强个人及组织的潜在优势。该训练方式注重对受训者心理、身体、道德等多方面素质的深化和提升，帮助他们建立开放稳定的心态、从容应对挑战，并持续发掘自己的创新潜能，进一步加强团队之间的凝聚力。与传统的知识灌输式教育相比，素质拓展训练更为科学、高效，已在全球范围内得到广泛应用。

一、素质拓展训练的起源

素质拓展训练，起源于英文的“Outward Bound”，译为“拓展”或“外展”。素质拓展训练的起源可以追溯至二战时的英国。当时很多商船屡遭袭击，但令人惊讶的是，其中有一小部分人，在恶劣条件下，依然奇迹般地存活了下来。经过深入的调查研究，人们发现这些海员能够生还的主要原因是他们具备出色的心理素质：他们意志坚定、求生意志强烈，且具备良好的团队协作能力。为了帮助更多的年轻海员掌握必要的生存技能，德国人库尔特 · 汉恩（Kurt Hahn）利用一些自然环境和人工设施，让年轻的海员做一些具有心理挑战的活动和训练，以此提高他们的心理素质和生存能力。[①] 基于这一思路，库尔特 · 汉恩与劳伦斯 · 霍尔特（Lawrence Hott）于 1941 年共同创办了“阿伯德威海上学校”（即“Outward Bound”学校，简称“OB”）。该学校专为年轻的海员提供训练，教授他们如何在海上生存以及在船只遇险时的自救技巧。通过这种

① 包海江，陈朝．户外拓展精英训练营：大学生素质拓展训练指导教程 [M]. 厦门：厦门大学出版社，2014：1.

训练，参训的海员不仅身体得到了锻炼，他们的意志和心理素质也得到了很大的提高。这便是素质拓展训练的雏形。

二、素质拓展训练的发展

二战结束后，越来越多的人开始认识到素质拓展训练的价值并认为它应该得到保留和传承，因此，素质拓展训练所蕴含的创新理念及方法开始逐步得到推广。学校的受训对象也逐渐开始涵盖政府船队的年轻海员、工厂学徒、警员、消防员、军事学院的学员以及即将参军或放假的学校学生。其训练内容也从最初的体能和生存技巧训练，逐渐拓展至如人格塑造、管理技巧等多方面内容。这种户外体验式培训，开始逐渐为越来越多的企业和组织所采纳，旨在激发其成员内在潜能，提高团队的活力、创新能力和团结精神。时至今日，OB 学校的影响已然凸显。尽管 OB 学校在发展过程中涉及了众多领域和人群，但其核心理念一直未曾改变，即让个体在自然环境中面临和克服挑战，通过这样的实践体验，加深对自身价值的认识，同时强化团队成员之间的相互信赖和对处于困境中的人的关心与支持。

1946 年，英国正式成立了“Outward Bound 信托基金会”(Outward Bound Trust)，其核心使命为推广 OB 的核心价值和理念，同时筹集资金以便建立更多的 OB 学校。此基金会拥有 OB 的专利商标，并负责授权其使用。到了 1964 年，美国成立“OB 法人组织”(Outward Bound Inc)，这意味着 OB 理念在国际上逐步得到扩展。在随后的数年，OB 学校在全球各地纷纷建立，都致力于践行 OB 的教育思想。此外，OB 也逐渐演化为“OB 国际组织”(Outward Bound International Inc，简称 OBI)，其总部位于美国犹他州的德雷伯市。在众多教育研究者的深入研究与实践中，OB 的教学理论得到了进一步的丰富和完善。它的课程体系不断创新，与体验式学习理念相结合，进而被广泛地应用于不同学科和领域，并获得了显著的成效。由于户外活动存在一定的风险，为确保参与者安全，美国的部分素质拓展培训机构将这些高风险的体验引入经过精心设计的游戏中，使参与者在安全的环境中获得相似的启示。OB 理念得到广大民众认可后，也吸引了教育界的广泛关注。很多教育机构纷纷派出教师和学生参与其体验活动。随之，主流教育学校与 OB 学校在多个领域展开合作。在 OB 的深入研究和广泛应用中，衍生出了多种课程形式，如 PA（Project Adventure，主题式冒险）、EL（ Expeditionary Learning，探险学习）拓展训练和 PBL（Problem-Based Learning，基于问题的学习）等。这些课程得到了民众的认可，并受到了一些国家教育机构的支持。随着理论研究的持续深化，相关的学术论文和研究专著不断涌现，为 OB 提供了坚实的理论基础。

素质拓展训练作为一种户外体验式学习方法，在现代教育中日益受到青睐。其能有效满足当下对于人格塑造和自然环境的渴求，吸引了大量的参与者，逐渐成为当代教育的一大热门。诸多世界知名高校，包括哈佛大学、剑桥大学、北京大学以及清华大学，均已将这种现代化的生存训练纳入其工商管理硕士的核心课程。而众多先进的企业更是视之为塑造企业文化、挖掘员工潜能、构建高效团队并提升市场竞争能力的关键。无论是企业的高级管理者，还是基层的一般管理者；无论是在校学生，还是有特定需求的特定群体，素质拓展训练都能够提供相应的课程以满足他们的个性化需求。

三、素质拓展训练在我国的发展

1970 年，中国香港创立了香港外展训练学校，中国首家加入 OBI 的专业培训机构诞生。到了 1999 年，OBI 在广东肇庆进一步扩展了自己的影响力，国内首个拓展训练基地在此设立。

1995 年，经过整合与改良，名为“拓展训练”的体验式教育模式进驻中国。当时的北京拓展训练学校成为国内率先提供 OB 课程的机构。转眼至今，拓展训练已在国内深耕逾十年。而当年的北京拓展训练学校如今已壮大为“人众人教育集团”，拥有14个分支与21个专业培训基地。

拓展训练在我国的培训界掀起了一场革命性的浪潮。仅仅十几年的时间，拓展训练的培训中心已遍布四方，增长速度惊人。现如今，国内规模较大且运营正规的拓展训练培训机构已达数百家。而涉及拓展训练或类似内容的机构，如培训学校、户外俱乐部、管理咨询公司等，其数量已突破千家。过去的数年里，这些机构为拓展训练的普及和进一步发展做出了杰出的贡献。

随着拓展训练在国内的发展，参与此类训练的单位和个人也愈发多元化。最初，主要是外国企业和MBA学员对其表现出浓厚的兴趣，但随后，国有企业、事业单位以及其他企业的高层领导和普通员工，甚至新进员工都纷纷加入拓展训练之中。不少世界知名企业，例如，通用电气、IBM、惠普、爱立信、诺基亚等，都对这种培训方式表示出极高的喜爱。而在国内，诸如联想集团、清华紫光、北大方正、海尔等知名企业也将拓展训练视为员工教育的核心部分。1999年，清华大学成为首家将体验式培训纳入MBA与EMBA课程体系的高校。随后，北京大学光华管理学院、中欧国际工商学院、中山大学岭南学院、浙江大学、暨南大学等学校的MBA与EMBA教育也纷纷把拓展训练作为指定课程。①

近年来，拓展训练课程也呈现出更加多元和丰富的趋势。除了经典的拓展训练活动外，还融合了野外探险、室内团队活动等形式；其他类型的培训、年会，甚至旅游团队活动中也融入拓展训练的元素，使之成为团队建设和培训新的亮点。

① 信晓宁，王小燕，谭捷，拓展训练[M].广州：华南理工大学出版社，2011：5.

第三节　素质拓展训练价值意蕴

当今社会，传统意义上的知识传授早已不能满足人类发展的需求。如何在瞬息万变的环境中，充分发掘个体的内在潜能，实现个体全方位的成长与提升，已经成为诸多领域关注的重点。在此背景下，素质拓展训练不仅对个体、高校的发展有着深远的影响，还对构建和谐社会、建设文明社会具有特殊的意义。

一、个人价值

素质拓展训练可以为个体提供一个全面发展的平台，无论是个体的身体、心理还是社交能力，都能在训练过程中得到锻炼和提升，对个体的长远发展具有深远的意义（图 2-1）。

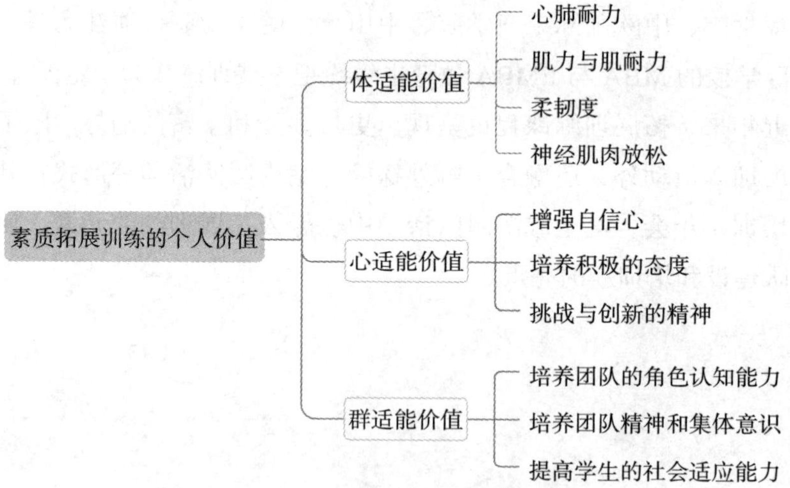

图 2-1　素质拓展训练的个人价值

（一）体适能价值

素质拓展训练是一种实践性的体育教育与训练方式，可以为学生带来生动且有趣的体验。通过学习和挑战特定的运动项目，学生能有效增强肌肉力量、提高关节的活动度、促进柔韧性，并增加肌肉和韧带的伸展性，进而达到强身健体的效果。

体适能，源于英文“Physical Fitness”，描述的是机体对于有效运转自身功能和适应外部环境的能力。最初，运动员在追求更好的比赛表现或保持健康状态时，特别重视体适能，如今，随着人们的健康意识的逐渐觉醒，体适能对广大民众也显得尤为重要，甚至已经被视为日常生活的一项基本要求。具备良好体适能的人们在日常生活和工作中往往展现出较强的适应性，很少会感到过于疲惫。然而，随着现代生活节奏的加快，人们参与身体锻炼的机会逐渐减少，加之人们营养摄入过剩，以及持续增长的生活和工作压力，体适能的下滑成为一个亟须解决的问题。而素质拓展训练所强调的体适能价值，实际上是与健康体适能紧密相连的，也就是为了保障健康，人们必须具备的身体适应性，这种适应性能够有效预防疾病，同时提高日常工作的效率。

从体适能的健康标准上看，素质拓展训练的个人价值主要体现在以下几个方面。

1. 心肺耐力

心肺耐力适能是健康体适能的四个维度之一，是健康体适能中最重要的要素，是身体健康的重要基础。心肺耐力又称有氧耐力，能综合反映人摄取、转运和利用氧的能力，是机体持久工作的基础，它涉及心脏泵血功能、肺部摄氧及交换气体能力、血液循环系统携带氧气至全身各部位的效率，以及肌肉等组织利用氧气的功能①。在持续活动过程中，心肺及血管系统负责氧气和营养物的传递以及废弃物的排除。

① 贺道远，宋经保．运动健身理论与方法 [M]. 武汉：武汉大学出版社，2018：120.

在素质拓展训练中，遵循体育教学的规范，学生经过充分的预备活动后，参与到高体能要求的项目中，活动后的心率通常能达到 120 ～ 150 次 / 分钟。部分训练项目甚至需要连续运动 30 分钟或更久，这对于增强学生的心肺功能有着积极的意义。①

2. 肌力与肌耐力

肌力是指肌肉在单次收缩中的能力，而肌耐力是肌肉在持续工作中抵抗疲劳的能力。肌力与肌耐力是保证肌肉系统高效运作的基础。在素质拓展训练中，学生在进行各种项目时，如电网、天梯和求生墙，都需要大量使用肌肉，这些活动不仅能够加强学生的肌肉，而且可以提升他们的肌耐力。

3. 柔韧度

柔韧度衡量的是身体关节的活动范围。尽管素质拓展训练中的大多数动作并不超出肢体的正常活动范围，但保持身体的柔韧性仍然是锻炼的重要部分。这种柔韧性在学生进行攀爬等活动中扮演着至关重要的角色，影响着活动的成功与否。

4. 神经肌肉放松

神经肌肉放松是指身体如何有效地放松和缓解不必要的紧张。在许多体育活动中难以实现的肌肉紧张与放松的交替训练，素质拓展训练却能轻松达成。例如，在面临诸如合力过桥、信任背摔和高空单杠等高难度活动时，学生经常感受到心理压力和身体的不协调。但正是这些生理和心理的反应为神经肌肉提供了锻炼的机会。经过反复的挑战，学生能更好地放松自己，克服不必要的身体紧张和恐惧。

（二）心适能价值

心适能是个体心理能够积极主动地调解和调整、适应外界刺激并能

① 段国萍 . 素质拓展训练 [M]. 上海：上海交通大学出版社，2014：16.

够正确应对的能力[①]。在素质拓展训练中，许多活动需要参与者面对和克服自己的恐惧，如高空项目或团队合作中的信任游戏。这些挑战帮助个体了解自己的心理极限，并学会如何突破。参与者在克服困难、实现目标的过程中，会逐渐建立自信心，增强自身毅力。而这些心理品质在日常生活和工作中同样极为重要，它们帮助人们更好地应对挑战和压力，使其在各种环境中都能保持一个积极、乐观的心态。

具体来看，素质拓展训练的心适能价值主要有以下几点。

1. 增强自信心

自信心，是对自身能力的坚定信仰，它源于对个人潜能和能力的深度认知。这种内心的信念推动人们勇敢接受挑战，发掘自身所蕴藏的力量和潜质。成功克服挑战和逆境的关键，往往依赖于坚定不移的自信。它驱使人们正视困难，集中全部精力和智慧应对每一次的考验。事实上，自信是个体成长道路上至关重要的心理属性，高度自信的人，通常坚信自己在某方面的活动上可以做得非常出色。自信心，主要来源于生活和工作中的实际经验。每一次的成功体验都会进一步增强人们的自信。相反，如果一个人持续地对自己的能力表示怀疑，最终可能会形成自卑的心态，进而对日常生活、学习和工作会产生负面效果。因此，建立和维护自信是至关重要的。

素质拓展训练通常涉及一系列的挑战性任务，很多时候，这些任务对学生来说都是首次体验。当他们克服这些挑战、完成任务时，会感受到巨大的成就感和满足感。在训练中，学生被鼓励全面了解自己，正确认识自己的能力，从而发掘自己的优点和潜能。每当面临困境或挫败，素质拓展训练都能够激发学生的进取心，帮助学生在不断的自我鞭策和鼓励下，战胜困难，最终实现目标。每一次的成功体验都会加深学生的

① 李文国，刘庆君，张莉莉．团队拓展训练教程 [M]. 大连：东北财经大学出版社，2015：35.

自我认知，使学生更加相信自己有能力应对各种困难和挑战。随着时间的推移，这种自信会渗入日常生活中的各个方面，包括学习、工作，和人际交往。

2. 培养积极的态度

在素质拓展训练中，教师可以设计各种挑战性任务，模拟生活或工作中可能出现的困境，使学生在一个相对安全的环境中经历考验。这些任务常常需要学生从不同的角度去思考问题，动用各种资源，甚至需要他们走出舒适区，尝试一些他们以前可能从未考虑过的方法。正是这些经历，让学生明白，许多时候，解决问题的困难不在于问题本身，而在于自己对问题的认知和态度。而当学生在素质拓展训练中成功地解决了一个又一个困难时，他们逐渐理解到，面对问题的积极态度和主动解决问题的方法往往比焦虑和回避更为有效。这样的经验积累会逐渐转化为他们日常生活和工作中的态度和行为习惯。此外，素质拓展训练常常强调团队协作。在团队中，每个人都可能面临自己的困惑和挑战，但当他们看到团队成员之间相互鼓励、共同面对困难时，积极的态度会在团队中得到迅速传播。这种正面的情感感染，使得每个人都能更加乐观地看待问题。因此，素质拓展训练的环境与内容设计都使其成为培养学生积极态度的理想平台。通过不断的实践、反思和体验，学生可以更好地理解和掌握在实际生活中以积极的态度应对各种情境的方法。

3. 挑战与创新的精神

挑战与创新的精神是指一个人在面对困难或未知时，不仅有勇气去迎接它，而且愿意探索新的方法、新的思路，去解决问题和超越自我。这种精神源自对自身潜能的深度信仰以及对传统思维模式的超越。

在素质拓展训练中，学生往往会遇到有意设计的挑战，设计这些挑战的目的是让他们明白自身的局限性。但更重要的是，这些挑战往往没有固定的应对方法，而是需要学生在不断尝试、失败和再尝试的过程中，寻找并创造新的解决方案。正是这种环境，促使学生走出舒适区，勇敢地尝试不同的路径，探索未知的领域。这种挑战和创新的精神不仅仅局限于训练项目，更会成为他们性格中的一个特质，驱使他们在日常生活中持续寻求新的经验和学习机会。

创新精神是能够综合并应用现有知识、信息和技能，从而产生新方法和观点的思维能力。这种精神还包括对发明、改革和创新的渴望与决心，创新精神的培养也离不开坚定的信心、无畏的勇气和卓越的智慧。面对难题，很多学生会跳出常规思考，寻找新的解决途径。参与素质拓展训练不仅可以激发学生的探索欲望，而且对于提高他们的心适能具有深远的影响。

（三）群适能价值

群适能是指将学生在拓展课上所体验的适应群体关系的能力，通过训练将其转化为适应团队文化和适应社会的能力，最终形成适应大的群体生活的能力[①]。素质拓展训练致力于让学生深入理解团队精神的核心理念，并明白团队精神在职场及事业发展中的关键作用。它不仅能够帮助学生辨识和消除妨碍团队协同的障碍，更重要的是培养他们在实际工作环境中主动展现团队合作的精神。通过这样的训练，学生能够确保所在团队在竞争激烈的环境中，团结协作，共同应对挑战，从而成功达成既定目标。

1. 培养团队的角色认知能力

素质拓展训练可以为学生提供一个宝贵的平台，使他们能够更好地认识自己和他人、明确自己在团队中的角色。团队中的每个成员都有自己的专长和天赋：有些人具备出色的领导才能，有些人在沟通协调上特别出色，有些人思维活跃，而有些人身体协调性强。而素质拓展训练的关键就在于如何将这些不同的特质融合在一起，打造一个密切配合的整

① 李婷婷，刘欢．体验式职业素质培养教程 [M]. 上海：上海交通大学出版社，2016：5.

体。以“绝壁逃离”这一活动为例，一个角色清晰、分工明确的团队能够发挥出强大的整体力量。协调能力出众的成员能够为团队设定一个合理的攀爬顺序；身体强壮的成员则可以充当“人梯”，为团队成员提供支撑；身高臂长的人首先攀上绝壁，而身手敏捷的人选择留在最后，以确保团队的每一个成员都能安全通过。这种对团队中每个成员角色的明确认知，不仅让每个人都能在团队中找到自己的位置，同时也使整个团队能够更高效地完成任务。在这样的训练中，学生能够认识到自己在团队中的角色意义。这种角色的认知，对于个体来说，有助于他们更好地理解自己的长处和短处，从而为未来的职业生涯规划提供参考；对于团队而言，明确的角色定位可以加强协作，提高团队的整体协作水平。因此，通过素质拓展训练，学生不仅能够更加明晰自己的位置，也能够更好地融入团队，与他人共同努力，实现共同的目标。

2. 培养团队精神和集体意识

素质拓展训练往往以团队为单位来设计各种具有挑战性的活动。体验式启发是其中的关键手段，它让每个学生都从实践中学习，从而更为直观地感受到团队合作的力量和价值。在这种情境之下，每个人都不再是单打独斗，而是要与团队其他成员紧密合作，共同面对并解决一系列的难题。这不仅考验他们的智慧和勇气，更考验他们的集体意识和团队精神。例如，当团队遇到一个难以克服的挑战时，每个人都需要深入思考，同时与其他成员沟通交流，集思广益，找出最佳的解决方案。在这个过程中，团队的每个成员都会深刻地体会到，凭借一己之力难以完成的任务，往往在团队的协作下能够得以解决。这样的经历不仅能够增强他们面对困难的决心，还能让他们真切地感受到集体的力量，从而深化他们的团队合作意识。

在团队任务中，每个人的行动都会直接影响到整个团队的结果。因此，每个成员都会意识到，他们的每一个决策和行为，不仅仅关乎自己，更关乎整个团队的荣誉和成败。这种强烈的集体责任感驱使每个人更为小心、负责和投入。

3. 提高学生的社会适应能力

适应能力是一种让个体能够灵活地应对和适应环境变化的能力，适应能力对于年轻人，尤其是即将走入社会的学生来说尤为重要。学生步入社会时，不仅要具备专业技能，还要具备人际沟通、团队合作、自我管理和解决问题的能力。尽管许多学生对社会所需的各种技能和素质有所了解，但在真正的实践中，尤其是在职场环境下，他们可能会因为缺乏实际的沟通和团队管理经验而显得手足无措。这不仅会影响他们的职业发展，还可能对他们的自我认知和自信心造成打击。素质拓展训练正是针对这种情境而设计的。它通过一系列体验式的训练活动，使学生在模拟的或真实的场景中感受到社会的复杂性和多变性。在这些活动中，学生不仅可以提高自身的决策能力和解决问题的能力，更重要的是，他们可以在团队中学习如何与他人有效沟通，如何建立和维护信任关系以及如何管理和领导团队。这种实践中的学习不仅可以帮助他们增强自信，还可以为他们提供一套可行的策略和方法，帮助他们更快地适应社会。因此，素质拓展训练能够帮助学生提高自己的社会适应能力，使他们在未来的职业生涯中更加从容、自信地应对各种挑战。

二、高校价值

与传统课堂教学相比，素质拓展训练不仅注重学生学术能力和技术能力的培养，更为重要的是，它强调对学生综合素质的提高，包括团队协作能力、解决问题的能力、领导力、自主学习和自我管理能力等。在这个日趋激烈的全球竞争中，单纯的学科知识已不能满足社会对于毕业生的多元化需求。因此，高校需要通过素质拓展训练为学生提供一个更加全面、具有和挑战性的学习平台，助力学生全面成长，更好地为未来做好准备。

（一）推动素质教育的实施

素质教育旨在全面培养学生的道德、智力、体育、艺术和劳动等多方面的素质，注重学生的自主性、创新性和实践性，以使他们更好地适应社会的需求。与传统的应试教育相比，素质教育更加强调对学生综合素质的培养，而不仅仅是对学生学术成绩的追求。

高校是培养高素质人才的摇篮，但仅仅通过课堂教学很难全面培养学生的综合素质。而素质拓展训练，正好可以为学生提供一个真实、富有挑战性的环境，使他们在实际操作中培养团队协作、沟通技巧、创新思维和社会责任等软技能。这样的训练模式，使学生在体验中学习，更容易激发他们的内在潜能。开展素质拓展训练，有助于推动高校素质教育的实施，因为它弥补了传统教育方法在实践、体验和团队协作方面的不足。通过开展素质拓展训练，学生能够更好地将课堂上学到的理论知识应用于实际中，能够增强他们的实际操作能力和独立思考的能力。而当学生在真实情境中体验成功和失败，他们的自信心和抗压能力也会得到明显提高。此外，开展素质拓展训练还可以促进学生之间的互动与交流，增强他们的团队合作精神和集体意识。在团队活动中，学生需要相互协作、互相信任，这不仅能够加强他们的沟通和协作能力，还能培养他们的责任感和道德观念。因此，在高校中开展素质拓展训练，不仅可以全面提高学生的综合素质，还能为他们未来的职业生涯和生活提供坚实的基础，确保他们能够更好地适应社会，为国家和社会作出更大的贡献。

尝试将素质拓展训练纳入高校体育教育体系当中，是践行素质教育的必然要求，能够更好地发挥体育教育的作用，培养出更加全面、适应社会的高素质人才，真正实现高校教育的目标。

（二）丰富高校的实践教育活动

高校的教育不仅仅是课堂教学，更重要的是帮助学生把理论知识应用到实际中，培养他们的实践能力。素质拓展训练通过各种形式，如团队挑战、体验式学习和实地考察，为学生提供了大量的实践机会。这些活动使学生能够在真实或模拟的环境中运用所学知识，加深对专业知识的理解，增强实际操作能力，从而为他们未来的职业生涯奠定坚实的基础。

在高校体育教学中，实践教育与传统的知识传授并不是对立的，它们共同为学生的全面发展服务。素质拓展训练突破了传统的教学模式，让学生从听、看、记的被动学习转向“做”的主动学习。以训练项目为载体，学生亲身体验、主动探索，这更有利于他们的知识吸收和技能掌握。与此同时，学生在实践中还能学会与他人合作，培养团队精神，提高社交技能，这些在传统教学中是难以实现的。结合生活中的实例让学生学习知识的运用方法，这种“学以致用”的方式更容易让知识深入学生内心，增强学生的学习兴趣。当知识从纸上跳到生活中，从书本走到实践场所，学生对其的理解会更深刻，对其的应用也会更加得心应手。将素质拓展训练纳入体育教学，如“盲人方阵”“十人一鞋”等项目，不仅可以为体育课增加趣味性，还能够为学生创造锻炼身体的实践平台。学生在这些活动中既能获得知识和技能，又能得到身心的锻炼，真正做到身心双修，进而实现全面发展。

（三）推动高校教师队伍建设

素质拓展训练对教师提出了更高的要求。教师不仅要具备丰富的专业知识，还需要掌握一系列的教育技巧和方法，能够在多变的训练场景中为学生提供指导。这要求教师进行持续的学习和自我提升，开阔跨学科的教育视野，增强与学生的互动能力。同时，高校也需要加强对教师的培训和支持，为他们提供必要的资源和工具，确保素质拓展训练的质量和效果。

在高校教育体系中，教师是教学的主体，也是推动教育改革与创新的关键力量。素质拓展训练不仅为学生带来了新的学习和体验方式，对于教师队伍的建设也具有深远的影响。

素质拓展训练要求教师跳出传统的教学框架，以更为创新和开放的心态参与其中。这种训练方式为教师提供了一个了解和体验新教学方法的平台，使他们能够与学生产生更为紧密的互动，从而更好地理解学生的需求和心理状态。这种互动式的教学方法可以有效地提高教师的专业能力和教学水平。此外，素质拓展训练也促进了教师间的合作与交流。传统的教学方式往往让教师固守于自己的学科领域，而在素质拓展训练中，各学科的教师需要跨学科合作，共同为学生提供综合性的学习体验。这样的合作促使教师们相互学习，分享经验，从而实现资源的共享和教学方法的创新。更为重要的是，素质拓展训练为教师提供了自我提升的机会。在这一过程中，教师不仅是引导者，也是参与者。他们可以从中反思自己的教学方法，探索更适合学生的教育方式，不断地提高自己的教育教学水平。因此，素质拓展训练在高校中的实施，对于推动高校教师队伍建设具有非常重要的价值。它不仅有利于促进教师的专业发展，也能够为高校创新教育方法、提高教育质量提供有力的支撑。

三、社会价值

素质拓展训练在构建和谐社会、增强公民的社会责任感以及促进社会创新与进步等方面也具有特殊的意义与价值。这种训练方式，与现代教育的理念相融合，有助于为社会培养一批具有全面素质和卓越能力的公民，助力社会向更加美好的方向前进。

（一）增强公民社会责任感

公民社会责任感是指公民对社会的一种积极回应，涉及对社会规范的遵守、对公共事务的关心和参与，以及对社会发展的积极贡献等方面。这种责任感来源于公民对社会的归属感，以及他们对社会和谐、稳定和发展的追求。公民社会责任感不仅关乎个体的行为选择，更与整个社会的健康和发展密切相关。

素质拓展训练作为一种以实践为主导、注重团队合作与互动的教育方式，其对于增强公民社会责任感具有积极的推动作用。通过素质拓展训练，学生可以更加深入地体验到团队合作的重要性和价值。训练中的各种任务和挑战需要每个成员齐心协力，只有当团队中的每个人都尽到自己的责任，团队才能成功完成任务。这种经验让学生深切地认识到，与他人的合作与互助是实现共同目标的关键。从更宏观的角度来看，这种认识正是公民对于社会整体的认知，即每个公民都需要为社会的稳定和发展贡献自己的力量。此外，素质拓展训练强调团队之间的沟通与交流，培养学生的沟通能力和团队合作精神。在现实社会中，沟通与合作是解决社会问题、增进人际关系的关键。拥有良好的沟通能力和团队合作精神的公民，能够更积极地参与到社会活动中，促进社会的和谐与发展。

（二）助力建设和谐社会

和谐社会是一个综合性的概念，它涉及社会的各个层面和领域，包括经济发展与公正、社会稳定与秩序、人际关系与互助以及文化共鸣与尊重等。在和谐社会中，每个人都可以在公正与平等的环境中实现自己的价值，同时为社会的共同发展做出贡献。而这种和谐并不是单纯依靠外部制度或法律来维持，更多地需要社会成员之间的相互理解、包容和合作。

在这样的背景下，素质拓展训练无疑成为促进和谐社会建设的有力工具。这种训练的核心不仅仅是技能或知识的传授，而是通过一系列实践活动，对人们的团队合作意识、沟通技巧和解决问题的能力的培养。这些活动常常设计得具有一定的挑战性，要求学生跳出自己的舒适区，与他人合作共同完成任务。在这个过程中，人们不仅会对自己有更深入的认知，同时也会学会尊重和理解他人的观点和需求，培养出更为积极的人际互动态度。再者，素质拓展训练中的很多活动都强调集体意识和共同目标的追求。当人们为了一个共同的目标努力时，他们之间的差异和矛盾往往会被淡化，而合作与共鸣则变得更为重要。这种以团队为核心的合作模式，可以有效地减少社会中的冲突和摩擦，为构建和谐社会打下坚实的基础。

（三）促进社会创新与进步

社会创新与进步是指社会在文化、科技、制度和思维方式等方面的持续更新和向前发展，它是现代社会持续发展的核心驱动力。社会的进步需要持续的创新来推动，而创新则依赖于公民的个体素质、合作精神和开放思维。

素质拓展训练正是一个旨在全面提高个体素质、培养团队协作能力和创新思维的教育方式。这种训练方式对于促进社会创新与进步具有深远的意义。通过素质拓展训练，学生在面对各种实际问题和挑战时，不仅需要发挥个人的知识和技能，更要学会与团队成员合作、交流和创新。这种训练方式鼓励学生跳出传统的思维框架，勇于尝试新的方法和策略，以达到预设的目标。这种对于创新的追求和鼓励，正是推动社会进步的关键。另外，在素质拓展训练中，学生经常需要在有限的资源和时间内完成任务。这种情景模拟了现实社会中的许多问题和挑战，让学生学会如何在复杂的环境中，发挥自己的优势，充分利用资源，有效的组织和协调团队，从而达到最优的结果。这种训练方式培养了学生的创新意识、组织协调能力和解决问题的能力，这些能力在社会的各个领域都是不可或缺的。素质拓展训练中的团队合作和沟通交流，有助于培养学生的团队精神和合作意识。在现代社会中，许多大型的社会项目和创新活动都需要跨学科、跨领域的团队合作。拥有良好的团队合作精神和沟通能力的人，更能够在这些项目和活动中，有出色的表现，推动社会的创新与进步。

第四节　素质拓展训练研究热点与趋势

一、素质拓展训练研究热点

近年来，许多高校开始尝试将素质拓展训练课程纳入体育课程结构当中，这一趋势也推动了国内学者对此领域的持续探究。根据中国知网的数据，以“素质拓展训练”为关键词的近20年的文献数量为726篇（如图2-2所示，数据截至2023年8月）。

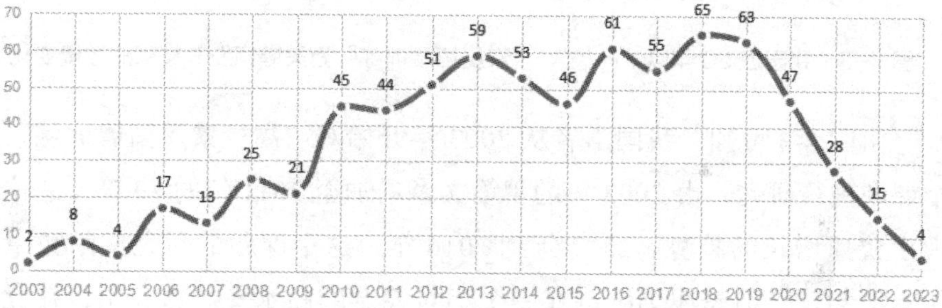

图2-2　我国近20年以“素质拓展训练”为关键词发表文献的数量变化

如图2-2所示，我国关于“素质拓展训练”的近20年的研究趋势可以概括为三个阶段。2003年至2010年是拓展训练课程研究的兴起阶段。从2003年的2篇文献到2010年的45篇，这一期间的文献数量急剧增长，体现了学者对“素质拓展训练”领域的初步关注和探讨。2011年至2018年，学者关于“素质拓展训练”的研究呈现稳健发展的态势。尽管每年的文献发表数量有些波动，但整体上，数量仍维持在较高水平。这意味着在这段时间里，“素质拓展训练”作为学术议题仍具有较强的吸引力和广泛的研究价值。而2019年至2023年，学者关于素质拓展训练的研究呈现出下行态势，尤其 2022 年，相关文献数量骤减至 15 篇。这一变化意味着拓展训练课程的相关理论研究正走向成熟，学者可能在寻求新的研究角度或转向其他领域。

以“高校”“素质拓展训练”为关键词进行检索，共检索到相关论文 312 篇（如图 2-3 所示，数据截至 2023 年 8 月）。

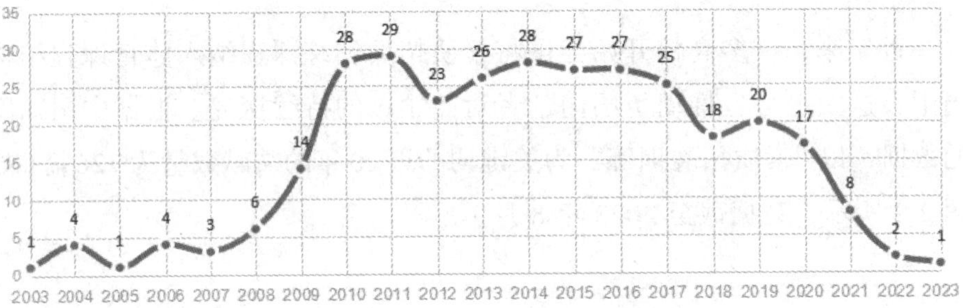

图 2-3　我国近 20 年以“高校”“素质拓展训练”为关键词发表文献的数量变化

由图 2-3 可知，我国学者从 2003 年开始对“高校素质拓展训练”这个课题进行研究，由 2003 年的 1 篇文章增加至 2011 年的 29 篇，总体呈现出快速增长的趋势。2012 年到 2016 年，这个课题的研究文献数量虽然有所起伏，但整体仍维持在一个相对稳定的高水平。这表明，在此段时间里，学者对“高校素质拓展训练”的理论和实践都有了更深入的理解。2017 年之后，关于“高校素质拓展训练”的研究论文逐年减少，这或许意味着该领域的理论框架和实践方法已趋于完善，学者们可能在寻找新的视角或探讨其他相关议题。

整体来看，我国关于高校素质拓展训练的研究主要集中于以下几个方面。

（一）高校开展拓展训练课程的必要性与可行性研究

学者吴长青认为拓展训练引入学校具有可行性，原因有以下几点。

第一、拓展训练课程进入学校可以较好地满足学生兴趣，提高学生的运动积极性；第二、拓展训练自身的优势是进入学校的基础，拓展训练对场地和设施要求不高，拓展训练项目学校可以根据自身条件选择；第三、新一轮的课程改革，特是体育课程内容的改革，使拓展训练进入学校成为可能；第四、广大体育教师的综合实力较高，具备实施拓展训练的能力；第五、国内有许多高校已经成功开展拓展训练课程，这为高校开设拓展训练课程提供了可以参考的依据。①

雷瑛等人认为，拓展素质训练与高校体育的教学目标、教学内容、实施过程具有较高的契合度。我国高校现有的场地、体育设施、师资力量等资源为拓展素质训练提供有利条件。②

肖潇在《拓展训练在高校公共体育教学中的推广研究》一文中指出，开设拓展训练课程能够帮助参与者更好地适应社会发展的需要，符合素质教育的理念，是现代教育理念的体现，补充了传统体育教学的不足，所以在高校公共体育教学中有必要引入拓展训练。而且在高校中的场地器材、师资与学科建设等方面条件基础良好，在高校体育课程中引入拓展训练是可行的。③

白琳娜在《拓展训练引入邢台市高校公共体育课的可行性研究》一文中，以拓展训练引入邢台市高校公共体育课的可行性为研究对象，从拓展训练的体育学基础、社会学基础、教育学基础、心理学基础等几个方面分析了拓展训练与高校公共体育课的内在联系，分析邢台市高校的调查研究和实验论证结果发现，拓展训练项目引入邢台市高校大学体育课能够丰富大学体育课程的运动项目，满足学生学习需求和教师教学意

① 吴长青．学校体育引入拓展训练的意义与可行性分析 [J]．山东体育科技，2006(1)：89-91.

② 雷瑛，张禾．构建以拓展素质训练为主线、三大拓展素质训练平台为基础的现代高校体育教学模式的理论研究 [J]．浙江体育科学，2013，35(6)：55-57.

③ 肖潇．拓展训练在高校公共体育教学中的推广研究 [D]．苏州：苏州大学，2013.

愿，学校根据项目特点和自身实际情况，开设拓展训练课程具有较强的可行性。[①]

（二）拓展训练对大学生产生的影响研究

针对拓展训练对个人影响的研究方面，贾建红在《拓展训练对高中生团队精神的影响研究》一文中，通过对比研究发现，拓展训练能够提高学生之间的团队合作能力和沟通能力。[②] 孙泉勇在《拓展训练对大学生“软实力”培养的实验研究》一文中指出，拓展训练可以提升大学生“软实力”（软实力主要包括自信心、团体合作能力、社会适应能力、责任心以及创新能力等）。[③]

在针对拓展训练对自信心的研究方面，许晓部通过研究大学生的心理健康状况分析了拓展训练对大学生的心理产生的影响。[④] 李达伟在《拓展训练对高校大学生心理健康水平产生的影响》中，探寻了拓展训练影响大学生心理健康发展的程度和层次。[⑤] 孙璞在《拓展训练对高校大学生的心理素质影响研究》中，发现拓展训练可以有效提升高校大学生的自信心和交际水平。[⑥]

---

① 白琳娜．拓展训练引入邢台市高校公共体育课的可行性研究 [D]. 石家庄：河北师范大学，2015.

② 贾建红．拓展训练对高中生团队精神的影响研究 [D]. 苏州：苏州大学， 2010 .

③ 孙泉勇．拓展训练对大学生“软实力”培养的实验研究：以安徽工程大学为例 [D]. 合肥：安徽工程大学，2011.

④ 许晓部．拓展训练对学生若干心理指标影响的实验研究：以提高职高专院校为例 [D]. 苏州：苏州大学，2010.

⑤ 李达伟．拓展训练对大学生心理健康水平影响的研究 [J]. 辽宁体育科技，2011，33(5)：50−53.

⑥ 孙璞，苏荣海，王振军．拓展训练对大学生心理素质影响的研究 [J]. 沈阳体育学院学报，2009，28(2)：108−110.

（三）高校中拓展训练开展的现状与对策研究

董亮在《武汉高校拓展训练开展现状与发展对策研究》一文中，通过问卷调查、实地考察的方式，对武汉部分高校拓展训练现状进行调查分析，从学校管理者、项目自身特点、培训师水平等多个角度对武汉高校的拓展训练开展情况进行论述。董亮认为，拓展训练在武汉培训市场发展较好，但就高校而言，未能引起教师和学生的重视，拓展训练在武汉地区高校课程中的发展尚处在初级阶段；研究证实，拓展运动的项目、内容、方法和手段等可以在一定程度上增加高校体育课程的趣味性、实用性，拓展训练在高校的广泛开展符合教育部推出的素质教育方针的政策，符合高校体育课改的趋势和发展方向。应当加大对拓展训练的宣传，引起相关领导的重视，逐渐将拓展训练引入高校体育课程中。①

宋娟在《南京高校开展拓展训练课程的研究》中，以南京41所高校为研究对象，通过问卷调查以及长期的实地考察，收集相关一手资料，了解拓展训练课程在南京地区的开展现状以及发展过程中遇到的瓶颈，力求找到解决相应问题的可行性方案。通过对南京高校进行调查发现，在南京高校开展拓展训练有较好的发展前景，拓展训练课程，符合高校体育课程改革的需要，丰富了体育课程教学内容，能够多方面提高高校大学生的综合素质，促进学生心理健康，提高社会适应能力。是高校体育教学改革适应社会需求变革的有效途径，也是对体育教学的补充。在高校开展拓展训练课程具有实际可操作性，应该引起高等学校决策者的重视，争取多方面支持，积极开展拓展训练课程的教学与研究工作，切实为广大学生群体服务。②

通过董亮、宋娟的研究可以发现，素质拓展训练在高校人才培养中的优势作用已经受到较多高校的关注，并正逐渐被各大高校纳入体育教

---

① 董亮．武汉高校拓展训练开展现状与发展对策研究 [D]. 武汉：华中师范大学，2013.

② 宋娟．南京高校开展拓展训练课程的研究 [D]. 南京：南京大学，2013.

学体系当中。在高校中积极开展素质拓展训练课程，有效发挥素质拓展训练的优势，已成为素质拓展训练发展的必然趋势。

（四）关于素质拓展训练课程体系建设的研究

闫闯对学校拓展训练课程的教学目标、教学内容、教学模式、教学方法以及教学评价进行了分析。他认为在开设拓展训练课程时要根据以下几个方面进行综合考虑：根据课程本身的功能，根据体育课程的教学大纲、课程标准，根据本校学生的自身状况，同时要注意在设置拓展课程教学目标时一定要陈述明确、清晰，不要模棱两可。在选择学校拓展课程教学内容时，要根据教学目标、场地器械等教学资源的配置、学生的身心发展水平和学生的特长等多个方面进行综合考虑。在教学模式方面，闫闯认为，拓展训练课程的核心教学模式是体验式教学模式，强调学生的主体地位，同时还要有针对性地选择知识教学模式、技能教学模式、问题解决教学模式、动机教学模式等其他教学模式，从而实现不同的教学目标。该作者结合前辈的观点以及结合当前体育教学改革的实际情况，提出了几条需要遵循的教学原则：合理安排运动负荷原则、注重体验运动乐趣原则、因材施教原则等其他原则。教师在选择教学方法时，要注意根据教学目的、学生的实际情况、教学内容的特点、教师本身的特点以及教学的时间进行选择，不能盲目地选择教学方法，不然起不到任何作用，甚至可能起反作用。①

李金芬对高校拓展训练课程教学体系的建构进行了研究和分析。她认为在设置教学目标时，要以“健康第一”为指导思想，从而促进学生的健康成长；在课程设置时，应符合普通高校体育教学的实际情况，便于拓展训练课程在高校的普及和推广。拓展训练课程授课教师在选择课程的教学内容时，要充分发挥拓展训练课程“主体体验式”的教学特点，

① 闫闯，舒琳．新标准背景下高校拓展训练课程教学模式探析 [J]. 运动，2017(15)：101-102.

以体能训练为引导，引发学生的认识活动和意志活动，同时还要拓展管理知识，要注重培养学生的实践能力和创新精神。在课程实施的时候，要依据不同的项目对学生进行分组，采取互动式教学、情景化教学，同时还要根据教学目的不同，采用多种拓展训练课程项目结合的方式进行教学。①

张茂泉在拓展训练课程的设计中对内容选择、教学单元安排、课程实施、考核等几个方面进行了分析，结果如下：在拓展训练课程的内容选择上，要根据学校的教学进度、学校的场地设施以及大学生的身心特点进行选择，要将不同等级、不同类型的项目合理安排到拓展训练课程的课堂中，使得教学和拓展训练更好地融合，最大限度地发挥拓展训练课程的优势。该学者将拓展训练课程的实施过程分为 3 部分，分别是准备部分、基本部分、结束部分，和传统体育课的教学实施过程类似。在考核与评价时，不能使用传统的评价方式，应该使用小组档案进行评价，档案袋评价模式可以更好地反映拓展训练课程内容标准的达成情况以及学生的提升情况。②

尚悦对北京高校拓展训练课程的构成因素进行了分析，认为现阶段普通高校拓展训练课程的课程目标可以从运动参与目标、运动技能目标、身体健康目标、心理健康目标和社会适应目标五个方面进行研究。在对课程学时进度进行分析时，尚悦得出结论：拓展训练课程以选修的形式进行，开课 16 周，每周一次课，每次 2 个课时，每次进行 1 个拓展项目，预备 2 节课作为机动课。同时要根据实际情况不断地对授课计划进行调整。③

---

① 李金芬．高校拓展训练课程教学体系的构建 [J]. 上海体育学院学报，2010，34(1)：80−82.

② 张茂泉．基于体验式学习的高校体育拓展训练课程设计研究 [J]. 吉林体育学院学报，2010，26(2)：124−126.

③ 尚悦．北京市普通高校拓展训练课程设计的研究 [D]. 北京：北京体育大学，2007.

关于高校拓展训练课程的设计，我国的学者已经进行了大量深入的研究，构建了相对完整的理论框架。这些研究为后续的学术探索奠定了扎实的基础，并为从事拓展训练的教育工作者提供了宝贵的指导和启示。

二、素质拓展训练研究趋势

随着教育观念的现代化与变革，素质拓展训练在学术界的研究越来越广泛。学者持续关注素质拓展训练与其他学科，如心理健康教育、创新创业教育等的结合，并注重研究素质拓展训练对大学生身心健康方面的影响。此外，学者试图在理论与实践之间架起桥梁，不断寻找最佳的教学策略和方法，以确保素质拓展训练能够更加高效地服务于学生的成长。

（一）跨学科融合

素质拓展训练是融合了体育学、心理学、社会学、生物学等多个学科知识的综合性学科，与其他专业学科也有着较好的相融性。从研究趋势上来看，关于素质拓展训练的相关研究，越来越多的学者开始关注素质拓展训练与心理健康教育、思政教育、礼仪教育等课程的融合，而非只是关注素质拓展训练在体育课程体系中的应用。除研究高校素质拓展训练课程体系的构建之外，学者还积极探索研究素质拓展训练在中小学各课程中的融合应用。

杨蕾在《将素质拓展训练融入学生心理健康教育的实践探索》一文中，分析了素质拓展训练的内涵与特点，探讨了素质拓展训练对中学生心理健康教育的积极意义，并根据学校有效开展素质拓展训练的影响因素提出了素质拓展训练融入心理健康教育的途径。她认为，学校要从观念层面加强重视，认识到素质拓展训练对于学生身心发展的积极意义，组织专兼职教师参加专业系统的培训，让教师接受系统全面的学习。①

王首中在《素质拓展训练融入高职思政课教学初探》一文中，分析了素质拓展训练融入高职思政课教学的意义、现实困境，并提出了相应的对策。他认为，在项目实施方面，注重对参与的学生的体验引导，不流于表面形式，不以教师总结代替学生个体的感悟与体验，不以理论的讲述替代"在做中学"的收获，唯有来自学生的真实活动体验才能触动心灵，唯有来自团队成员的分享交流才能促进学生的反思，唯有将拓展训练形式与思政课教学内容有效融入，才能更好地提高思政课的实效性。②

袁育明在《新时代大学生素质拓展与礼仪教育教学融合的探索与实践》中，分析了素质拓展训练与礼仪教育教学融合的必要性和可行性，分析了新时代大学生礼仪素养存在的问题及原因，并提出素质拓展训练与礼仪教育教学融合实施的具体措施。他认为，高校人才质量提升工程中加强学生核心素养是关键，素质拓展能够解决核心素养中的几大问题，如沟通表达能力、团队意识、创新思维、奉献精神等。礼仪教育是对素质教育的进一步补充，两者的结合大幅度提升了当代大学生的综合素质③。

（二）关注对大学生的影响

随着现代教育理念的逐渐深入人心，传统的应试教育模式已不能满足社会对人才的全面需求，人们开始注重学生的综合素质和能力的培养。在此背景下，素质拓展训练被越来越多的学者认为是能够对学生的心智、

---

① 杨蕾．将素质拓展训练融入学生心理健康教育的实践探索 [J]. 吉林教育，2022(33)：88–90.

② 王首中．素质拓展训练融入高职思政课教学初探 [J]. 辽宁高职学报，2023，25(4)：25–2，37.

③ 袁育明．新时代大学生素质拓展与礼仪教育教学融合的探索与实践 [J]. 财富时代，2020(12)：159–160.

情感、社交等多方面能力进行有效培养的手段。因此，研究其对大学生的各种影响，成为素质拓展训练重要的研究趋势。

何蓓在《素质拓展训练对大学生主观幸福感的影响与干预研究》中，从对照、追踪和干预的视角探析素质拓展训练对大学生主观幸福感的影响，并认为素质拓展训练表面上与娱乐活动或体能训练类似，但其最大区别和价值在于寓教于乐，通过轻松的活动体验催化参训者人际互动的过程，包括榜样示范、人际学习、分享感悟等。①

张越在《素质拓展训练对大学生人际交往能力的影响研究》中，以素质拓展训练为载体，对大学生的人际交往能力进行了研究。作者发现，经过为期两个月的训练，班级和宿舍人际关系状况明显改善，大学生对班级和宿舍人际关系满意度大幅提升，学生之间更加和谐融洽，减少了矛盾冲突的发生，同时大学生的主动交往、适当拒绝、自我表露、情感支持和冲突管理等各方面的人际交往能力也得到明显提升，进一步促进了班级和宿舍和谐人际关系的构建，也为学生将来走向社会、对接工作岗位打下坚实的基础。②

翟翔在《拓展训练课程对大学生心理素质的影响》中，以东北林业大学选择拓展训练课程的大学生为研究对象，首先在开展拓展训练课程前对实验对象进行第一次心理素质测试，之后在实施两个教学学期的拓展训练课程（定向越野与攀岩）后，对其进行第二次心理素质测试，分析得出素质拓展训练对大学生焦虑、意志品质、注意力集中和团体凝聚力四项指标水平具有显著影响。③

---

① 何蓓．素质拓展训练对大学生主观幸福感的影响与干预研究 [J]. 大众标准化，2020(8)：125−126.

② 张越．素质拓展训练对大学生人际交往能力的影响研究 [J]. 山西青年，2021(8)：109−110.

③ 翟翔．拓展训练课程对大学生心理素质的影响 [J]. 哈尔滨体育学院学报，2020，38(6)：91−96.

（三）教学理论的创新应用

梁建勋在《OBE 理念下拓展融入大学生创新创业教育的研究》中，探索在 OBE 理念下如何将素质拓展训练课程融入大学生创新创业教育当中。他认为，OBE 理念和素质拓展训练课程都以培养大学生具备一定的素质与能力为目的，都注重提高学生的全面素质，也都注重学生在学习过程中的主体性地位。[①] 素质拓展训练项目体验，可以对大学生创新创业能力的培养起到积极的作用。

崔普斌在《市场导向下高职院校素质拓展训练课程体系构建探索》一文中，分析基于市场导向的素质拓展训练课程体系的构建依据，提出了素质拓展训练课程体系的构建方式。[②]

张和峰在《成功素质教育理念下大学生“适应性”素质拓展训练课程设置》中，以成功素质教育理念为依托，探索“适应性”素质拓展训练课程设置，促使学生更好地适应由基础教育向高等教育过渡。[③]

随着素质拓展训练在高校教学中的普遍应用，著者相信，关于素质拓展训练的研究将更为科学、系统、深刻，学者会从更加多元化的角度探讨素质拓展训练的价值与影响，为更多的学生带来更加全面的培养和锻炼方案。

实践案例：

① 梁建勋.OBE 理念下拓展融入大学生创新创业教育的研究 [J]. 河北广播电视大学学报，2020，25(2)：75-79.

② 崔普斌．市场导向下高职院校素质拓展训练课程体系构建探索 [J]. 安徽水利水电职业技术学院学报，2022，22(3)：93-96.

③ 张和峰．成功素质教育理念下大学生“适应性”素质拓展训练课程设置 [J]. 科技信息，2012(1)：282.

江苏财经职业技术学院素质拓展体验中心申报方案

一、申报单位基本情况

江苏财经职业技术学院，位于江苏省淮安市，是经江苏省人民政府批准、教育部备案的全日制公办普通高等职业院校，是江苏省示范性高等职业院校、省现代化示范性或优质特色学校、省高水平现代化学校。由江苏财经职业技术学院申报建设的职业素质拓展体验中心，建筑面积约6000平方米，管理人员4人，体验课程授课教师12人，体验课程8门，年度课时量300节/次，体验项目数量150个，涉及专业数量34个，体验工位数量200+。

该体验中心的主要功能为：以职业岗位能力为导向，以职业拓展项目为载体，以体验式游戏为活动形式，坚持“高标准规划、高质量建设、高水平服务”的要求，采用最新的职业素质体验式教育理念，引进和设计“经济实用、安全环保、创意新颖”的固定和便携教具，通过完善制度、创新机制、强化师资、研发项目，提升中心服务能力，将其建设成一个“规模较大、功能齐全、独具特色”，集科研、教育、服务于一体的职业素质拓展体验中心，着力培养具有创新精神和实践能力的德智体美劳全面发展的高素质技术技能人才。

二、体验中心团队成员情况

该体验中心共有11名核心成员组成，中心负责人1名，体育学专业副教授，高级素质拓展培训师，专职管理员2名，体育学专业教授、讲师，均为高级素质拓展培训师，专职指导教师3名，体育学副教授、讲师，均为中级素质拓展培训师，兼职指导教师5名。

三、体验中心主要设备情况

表 2-2　体验中心主要设备情况

设备名称	设备型号	设备数量
空中断桥	LJGZB-DQ	1
空中单杠	LJGZB-DG	1
天 梯	LJGZB-TT	1
合力桥	LJGZB-HL	1
浮云（泸定）桥	LJGZB-LD	1
绝壁求生	LJGZB-JB	1
独木桥	LJGZB-DM	1
相依共进	LJGZB-XY	1
空中越障	LJGZB-YZ	1
天使之手	LJGZB-TS	1
马踏飞燕	LJGZB-HB	1
极限冲击（速降）	LJGZB-SJ	1
空中梅花桩（步步高）	LJGZB-BG	1
云梯	LJGZB-YT	1
毕业墙	LJM-BY	2
信任背摔	LJM-BS	2
模拟电网	LJM-DW	2
罗马战车	LJM-LM	3
越障	LJM-YZ	2
穿越沼泽	LJM-ZZ	2
孤岛求生	LJM-QQ	1
浪木	LJM-LM	1
横木	LJM-HM	1
拇指王	LJM-MZ	1
梅花桩	LJM-MH	1

续 表

设备名称	设备型号	设备数量
地雷阵	LJM–DL	1
平衡阶	LJM–PH	1
全身安全衣	进口、国际 ACCT 认证	10
半身安全衣	进口、国际 ACCT 认证	8
制动器	进口、国际 ACCT 认证	12
主 锁	进口、国际 ACCT 认证	25
主绳	进口、国际 ACCT 认证	500
头盔	进口、国际 ACCT 认证	12
钢锁	进口、国际 ACCT 认证	14
快挂	进口、国际 ACCT 认证	8
扁带	60 型号	8
扁带	120 型号	8
防护垫	3X 2X0.15;	2
安全保护滑车	全钢双轮双保险 进口、国际 ACCT 认证	12
保护钢丝专用紧销锁	安全系数 15	20
攀岩墙	GB 1907.4–2005	1
空中十连环	LJGZB	1
真人 CS 卡宾枪	KT–6002	50

四、体验课程（项目）开设情况

表 2-3 体验课程（项目）开设情况

体验课程（项目）名称	面向对象	每学期开设周/次	学时数	年体验人次	体验形式	评价形式（若发放证书，需列出证书及发证单位名称）
会计专业群职业素质拓展	大中小全校学生	10/1	10	1500	实践教学	过程性评价 结业证书、体验中心发证
金融专业群职业素质拓展	大中小全校学生	10/1	10	900	实践教学	过程性评价 结业证书、体验中心发证
法律专业类职业素质拓展	大中小全校学生	10/1	10	400	实践教学	过程性评价 结业证书、体验中心发证
管理专业群职业素质拓展	大中小全校学生	10/1	10	700	实践教学	过程性评价 结业证书、体验中心发证
营销专业群职业素质拓展	大中小全校学生	10/1	10	600	实践教学	过程性评价 结业证书、体验中心发证
物流专业群职业素质拓展	大中小全校学生	10/1	10	500	实践教学	过程性评价 结业证书、体验中心发证
工程专业群职业素质拓展	大中小全校学生	10/1	10	700	实践教学	过程性评价 结业证书、体验中心发证
粮食专业群职业素质拓展	大中小全校学生	10/1	10	400	实践教学	过程性评价 结业证书、体验中心发证
职业体能素质拓展	大中小全校学生	10/1	10	1200	实践教学	过程性评价 结业证书、体验中心发证
职业心理素质拓展	大中小全校学生	10/1	10	800	实践教学	过程性评价 结业证书、体验中心发证
红色教育素质拓展	大中小全校学生	10/1	10	1000	实践教学	过程性评价 结业证书、体验中心发证

五、项目建设目标达成情况

表 2-4　项目建设目标达成情况

建设目标	达成情况概述
功能定位	（1）体验中心是江苏财经职业技术学院重点打造的职业素质拓展训练基地，是以提升职业素养为目的，将职业岗位与职业倾向测试、企业情景模拟和职业素质拓展融为一体，将中国传统文化、职场文化和社会主义核心价值观有机嵌入的体验式教育过程。 （2）体验中心聚集学校、企业和社会资源，与国内知名职业拓展培训公司—北京亮剑拓展培训有限公司，以及淮安倍思德拓展培训有限公司签署战略合作协议，旨在通过校企合作、产教融合，培养适应职业岗位需求的高素质技术技能型人才。中心还根据学生身心特点，开发会计专业群、金融专业群等十一个课程模块，让学生在体验中学习，在学习中感悟，做到寓教于乐。 （3）体验中心坚持立足地方、面向江苏、放眼世界的办学方向，以“立德树人为根本任务，追求教育质量至上，发挥社会服务职能，以教师为主体、学生为根本，秉承“勤勉、敬业、团结、创新”的校训精神，突破传统专利藩篱，创设真实的职业情境，实现职业教育的内涵建设。 （4）体验中心能较好地满足不同年龄层次的学生的职业体验要求，实现小学低年级学生启蒙教育，小学高年级学生职业教育认知，中学生职业深度体验，以及青年学生的职业培训和继续教育。 （5）体验中心担负着提升职业教育办学水平，提高社会对职业教育认可度的重要使命，须增强职业教育毕业生岗位就业适应性的创新举措，构建“职业素养 + 管理能力”实践育人体系，并付诸实施，探索一条特色、结构、质量、效益协调发展的科学办学新路。

续 表

建设目标	达成情况概述
设备设施及环境布置	（1）体验中心作为中关村体验教育培训协会的体验式培训基地，承担着多主题、多项目的职业体验教育工作，同时还承担着淮阴师范学院第一附属小学、淮安市实验小学及淮安市开明中学等培训任务。 （2）体验中心设备包括攀岩、空中十连环、空中断桥、空中合力桥、空中云梯等 10 多项高空项目和 100 余种地面项目，内容涉及团队训练、心理素质提升、个人挑战项目等，全体体验教育培训师具有高度责任感和职业素养，同时具备户外安全教育培训资格。 （3）体验中心环境优美，制度健全，布局合理，至少能满足 4 个平行班（每班 50 人）学生的职业体验需求。近年来，体验中心已成功为当地政府各部委办局、各级各类学校及企事业单位培训上万人。 （4）体验中心配备视频监控系统，监控"无死角"，录像存储时长可达三个月；每个器材设备定期更换耗材，所有场地设施使用时都有专人登记存档；场地内均配备洗手间、专用灭火器，消防设施齐全，不会产生任何废气废料，达到环保要求且不会对周边生活、工作造成影响。中心照明设施完备，水、电分布合理、安全、便于检修。
课程建设	（1）课程建设以培养具有创新精神和实践能力的德智体美劳全面发展人才为目标，以职业分类为基础，以提升职业素养为目的，以项目实施为任务，注重实践教育过程性评价，根据不同学年度特点，制订课程方案、课程标准和课程评价体系。 （2）课程建设始终坚持"教学与科研结合、专业与学科相长"的发展思路，坚持跨学科、跨领域交叉融合，推动体验式教学体系的持续改进与优化。突破传统专业藩篱，努力构建具有职业教育特点的课程体系，为拓宽我校社会服务功能提供有力支撑。 （3）体验中心始终坚持以学生为本，注重学生职业素养提升，尊重个体差异，注重过程评价，促进学生全面发展。通过体验式游戏形式，利用现代教学手段，让学生在游戏中学习与职业相关的知识和技能；运用多媒体课件、网络、音像等组织学生学习最新技术，剖析典型案例，采用 PBL 教学方法使学生得到训练，提高他们发现问题、分析问题和解决问题的能力。 （4）体验中心有完善的职业体验课程大纲和职业体验课程讲义，按照认知规律，由浅入深，合理地将多学科知识交叉融合。

续 表

建设目标	达成情况概述
师资队伍	（1）体验中心师资队伍建设集学校优质资源，学科涉及管理学、教育学、体育学和思想政治教育学等多个领域，既有较强科研能力的教师，也有经验丰富的行政管理人员，旨在适应新时期职业岗位的多重需求。 （2）体验中心由分管教学的校领导具体分管，负责实践教学的专业教师多达10余人，其中教授1人，副教授6人，博士5人，江苏省高等学校“青蓝工程”中青年骨干教师1人，淮安市“533”拔尖人才1人，淮安市“533”骨干教师多人。 （3）体验中心主任全面主持职业素质拓展体验中心工作，统筹教科研和专业建设规划。中心配2名专业管理人员，分别负责具体教学、科研工作、师资培训、课程建设、实训中心党建、校企合作、竞赛、实验室建设及设备维护工作。 （4）教师队伍师德高尚，任劳任怨，潜心教学，专业知识扎实，制定切实可行的体验中心管理人员和指导教师的工作要求和管理制度。
制度保障	（1）学校从校级层面统筹规划，以组织、人员、经费、制度和绩效等措施为保障，建设领导小组与专项办公室，组建项目建设团队，明确职责，提高效能，拨付政府、企业等各类资金支持专项建设经费，制定学校相关管理办法完善制度体系，实现绩效保障机制。 （2）加强体验中心建设和管理，保障体验中心的安全教学，提高学校教育质量、科学研究水平和创新创业教育水平。 （3）体验中心已形成《江苏财经职业技术学院职业素质拓展体验中心场地管理办法》、《江苏财经职业技术学院职业素质拓展体验中心设备使用管理规定》《江苏财经职业技术学院职业素质拓展体验中心耗材与设备维修管理办法》《江苏财经职业技术学院职业素质拓展体验中心开放管理办法及预约制度》《中心人员分工与组织架构》等制度性文件。 （4）体验中心有明确的任务分工和岗位职责，定期进行研讨总结，不断优化服务流程和体验项目内容。
建设特色	（1）体验中心依据职业教育特点，借鉴世界先进职业教育发展理念，注重产教有机融合、校企深度合作、工学无缝对接，切实贯彻习近平总书记关于职业教育的重要论述，落实党中央和省市关于职业教育的政策法规。 （2）体验中心整体建设完全成形，主要包括高空区域、中空区域和地面活动区域，体验式教育流程规范，实践教育主题突出，场所环境文化浓厚，为学生提供沉浸式体验感受。 （3）体验中心设计较为科学且有一定影响力的社会宣传方案和视频宣传片，并落实到位，吸引学生积极参与教育活动。

第三章　高校素质拓展训练课程体系

构建高校的素质拓展训练课程体系是一个系统的工程，高校应综合考虑学生的个性差异与兴趣爱好，不仅要为学生提供一个专业技能与技术创新的平台，还要确保他们在思想品质、文化修养方面有所提升，培养学生的综合能力，促进学生身心健康的全面发展。

第一节　课程目标体系

高校素质拓展训练的课程目标既需要与大学体育教学的总体目标保持一致，又必须着重体现拓展训练的独特性质。这就要求教师在制定素质拓展训练课程目标时，注重素质拓展训练对于提高学生的身体素质和运动技能的基础作用，关注素质拓展训练在团队合作、挑战自我、解决问题、培养领导力等方面的特殊意义，全面提高学生的身心素质，为他们的未来发展打下坚实的基础。

高校素质拓展训练课程目标旨在通过一系列独具匠心、既具思考深度又蕴含挑战的趣味项目，深化大学生对人生的理解和追求。这些项目不仅要求学生具备学科知识，还着重于磨炼他们的意志和心态，使他们面对生活中的各种困难和挑战时，能够保持坚韧不拔的精神。通过这样的训练，学生的心理素质、身体素质和品德都能够得到全面的提升。在这个过程中，学生不仅能更好地认识自己，了解自己的潜能和局限，还能在团队实践中得到锻炼，提升团队协作的能力。这种训练注重培养学生的开放性思维，当面对生活中的各种不确定性时，他们可以更加稳定地调整自己的心态，不畏困难，勇敢应对挑战。在当前社会，创新已经成为推动社会进步的重要动力，大学生作为国家和社会的未来，他们的创新活力对于国家的发展至关重要。而在团队中，团队精神的形成和培养也同样重要，其可以使团队成员之间形成更加紧密的合作关系，更好地完成各种任务。因此，高校素质拓展训练课程的目标并不是单一的体能训练目标，它还涉及心理训练目标、人格训练目标、管理训练目标等。

一、体能训练目标

身体是一切活动的基础。高校素质拓展训练课程中的体能训练，旨在提高学生的身体素质，增强体质，培养学生的持久力、爆发力、柔韧性和协调性。这样的体能训练不仅有助于学生健康成长，还为他们的日常生活和未来职业生涯打下了坚实基础。一个拥有良好身体素质的学生，更可能具备长时间学习和工作的耐力，同时还能够更好地应对生活中的各种压力和挑战。在现代社会中，由于科技的飞速发展，以及工作与生活节奏的加快，大学生面临的是一个高度竞争和不断变化的环境。因此，拥有一个健康、有活力的身体成为他们未来职业生涯中不可或缺的资产。良好的身体素质不仅能够增强学生的自信，更能让他们在面对生活中的各种挑战时，具有更强的适应性和应对能力。

在高校素质拓展训练课程中，体能训练目标主要包括基本体能的培养和运动技能的提升两个方面。其中基本体能的培养主要是提高学生的心肺功能、肌肉耐力、柔韧性和协调性。这样的体能锻炼有助于提高学生的整体健康状况，提高免疫力，预防各种疾病。除了基本的体能外，体能训练还要培养学生的基本运动技能，如跑、跳、投、拉等。这些基本技能不仅有助于学生更好地参与各种体育活动，还可以应用于日常生活中。

二、心理训练目标

高校素质拓展训练课程旨在增强学生的心理素质，提升他们的心理适应能力以及塑造他们积极向上的心态。在高校素质拓展训练课程中，通过应对各种挑战和困难，学生可以增强自己的应变能力、抗压能力和解决问题的能力。同时，通过团队合作，学生也可以学会沟通、协调和合作，培养他们的团队精神和团队协作意识。

心理训练目标关注的核心是如何帮助学生更好地应对学术、职业以及生活中的各种挑战。在高校时期，学生正处于人生的一个重要转折点，面临着种种压力和挑战，如学术压力、职业选择、人际关系等。因此，心理训练成为了不可或缺的一部分。在素质拓展训练中，教师应注重培养学生的自我认知和自我调节能力。这意味着学生不仅要了解自己的优点和不足，还要学会调整自己的情绪和心态，以适应不同的环境和场合。在高校教学体系中融入素质拓展训练，有助于学生更加深入地了解自己，明确自己的目标，同时也能帮助他们更好地处理人际关系。

此外，心理训练还强调培养学生的抗压能力和应对失败的心态。在高校生活中，失败和挫折是常态，学会从失败中汲取经验、调整策略、继续前行是每一个学生都应掌握的技能。在高校素质拓展训练课程中，教师可以通过各种实践活动，让学生明白，失败只是成功的前奏，培养他们乐观、积极的生活态度。同时，高校素质拓展训练课程还旨在培养学生的团队意识和合作精神。在团队活动中，学生需要学会倾听、沟通和合作，以帮助他们建立和谐的人际关系，提高团队合作效率。

三、人格训练目标

人格形成是一个长期的过程，而高校的素质拓展训练课程为学生提供了一个很好的平台，能让他们在应对困难和挑战的过程中，培养正直、坚韧、勇敢和自律等品质。此外，与团队成员的相互关系也促进了学生的同情、理解和尊重等价值观的形成。

人格训练目标主要关注学生的价值观、道德观和世界观的形成和塑造。大学时代，学生正处于青少年到成年早期的过渡时期，他们的“三观”也在此时得到进一步的锤炼。高校素质拓展训练课程帮助学生明确自己的人生目标，树立正确的人生观，形成健康的价值观。人格的完整性不仅仅是道德的一致性，还包括对自我、他人和环境的认知。高校素质拓展训练课程鼓励学生积极参与各种社会实践，体验不同的人生角色，培养他们的同理心和责任感。这样，学生不仅可以更好地理解他人，还能更加关心社会，具有积极参与公共事务的意愿。同时，人格训练还着重于培养学生的批判性思维。在当今这个信息爆炸的时代，能够独立思考、辨识真伪成为每个人都应该掌握的基本能力。高校素质拓展训练课程旨在培养学生的逻辑推理能力，使他们能够在面对复杂信息时，进行深入分析，作出明智的判断。此外，人格训练还关注学生的自信和自尊。在高校生活中，学生可能会面临种种挑战和压力。有坚韧的人格和健全的自尊心，能使学生更好地应对这些挑战，坚持自己的信仰，不轻易受到外界的影响。

简言之，高校素质拓展训练课程在人格训练目标上旨在培养学生的道德品质、社会责任感、独立思考能力和健全的自我认知，为他们未来人的生奠定坚实的基础。

四、管理训练目标

在高校中，学生会经常面临组织和管理的任务，例如，如何分配资源、如何协调团队成员、如何完成任务等。而参与素质拓展训练活动的经验能够为学生提供一个实践管理知识和技能的机会，培养他们的领导才能、组织能力和决策能力。

管理训练目标关心的不仅仅是管理知识的传授，更多的是对学生管理技能和意识的培养。在日常的学习、工作和生活中，能够有效管理自己和他人是成功的关键。高校素质拓展训练课程通过各种团队任务和项目，引导学生了解团队的运作机制，学习如何调动团队的积极性，如何平衡团队内部的各种关系，以及如何制订并执行计划。此外，管理训练还重视培养学生的决策能力。面对各种情境，如何快速做出决策，如何在多种方案中选择最佳的策略，都是管理的核心技能。通过实际操作和模拟演练，学生可以更加深入地理解决策制定的重要性和复杂性。此外，管理训练目标旨在帮助学生培养适应性和灵活性，使他们能够在不断变化的环境中，快速调整自己，找到最佳的解决方案。这需要学生具备前瞻性思维，能够预见未来的挑战和机会，为自己和团队制定长远的策略。总之，高校素质拓展训练课程着重于培养学生的组织协调能力、决策能力和适应变革的能力，确保他们在未来的工作和社会中能够有效地管理各种资源和关系，实现自己和团队的目标。

整体来看，高校素质拓展训练课程着重于通过多元化、深度的训练项目，全面培养大学生的素质，使他们在未来的生活和工作中，能够展现出开放稳定的心态，敢于挑战，富有创新活力，并能够在团队中发挥其最大的价值。

第二节　课程内容体系

高校素质拓展训练课程内容可大致划分为理论知识与实践活动两大类。

一、理论知识

在高校素质拓展训练中，理论知识是开展一切项目活动的基础，能为学生参与各项活动提供必要的方向与指导。例如，通过学习现代健康的概念、体育运动与健康的关系，学生可以更全面地认识到运动对身心健康的多方面益处。此外，通过了解健身活动的原则与方法，学生可以在实际活动中受伤的概率，实现安全、有效的锻炼。

通常，这些理论课程是在室内环境下进行的。在开始具体的训练项目之前，教师会选择适当的场所，如训练场、教室或会议室，进行详细的讲解。讲解内容涵盖拓展训练所需的基本技能、关键知识，以及在训练过程中应遵循的行为规范和安全标准。同时，为确保训练达到预期效果，课程还会深入解读拓展训练的各种模式、讲解需要掌握的训练技巧，探讨可能遇到的问题，找寻团队文化的意义。课程内容也会对如何保持积极心态、如何面对和克服困难等问题进行深入讨论，为学生未来的生活和工作积累宝贵经验。此外，为了确保训练更为全面，有时课程还会纳入团队建设、管理策略、个人沟通技巧以及职业道德等与素质拓展训练紧密相关的理论内容。

在理论知识部分，项目实施的范例有沟通学习、破冰课等。沟通学习是旨在提高学生间相互理解与有效沟通技巧的一项理论知识课程。在高校素质拓展训练中，良好的沟通能力被视为团队合作的基石。教师通常会模拟沟通场景或设计角色扮演活动，使学生能够在安全的环境中实践所学，并从中获得反馈。破冰课的主要目的是帮助学生建立信任，打破彼此之间的隔阂，为后续的团队合作和活动创造一个和谐、开放的氛围。破冰课通常以两种形式存在。一是简单游戏与活动。正式课程开始之前，教师通常会设计一些不需要特定技能或前沿知识的游戏，如自我介绍、两人三脚等，旨在鼓励学生参与其中并与他人互动。二是分享故事与自我介绍。每位学生有机会介绍自己，分享一些个人经历或趣事，这将有助于增进团队成员之间的了解。

二、实践活动

（一）实践活动的种类

素质拓展训练的实践活动种类繁多，根据不同的划分标准可分为多种不同的类型。

1. 根据活动目的划分

从目的性来看，实践活动主要包括破冰、个人挑战和团队熔炼三大类。破冰类活动，如齐眉棍、女皇圈和团队建设，是训练的开篇，旨在消除团队成员之间的陌生感，加强团队间的互动和连接，为后续的挑战打下坚实的基础。挑战自我类活动，例如，断桥、速降和独木桥，将学生置于一定的压力之下，挑战自我极限，以此唤醒并激发其内在潜能。而熔炼团队类活动，如电网、逃生墙、雷阵和孤岛求生，旨在通过一系列复杂且充满挑战的任务，培养学员的团队合作和协同作战能力。

2. 根据活动功能划分

从功能角度上分析，实践活动又可以分为心理素质拓展、体能提升、沟通技巧、团队信赖和协作技能五大模块。心理素质拓展，如空中抓杠、速降、断桥等，借助对身体的刺激，旨在培学生的冷静心态、勇气和决策能力。体能提升类活动，如登山、攀岩和定向越野，专注于提高学生的身体素质和耐力。而在沟通技巧课程中，数字传递、生日线、雷阵等活动设计，旨在培养学生的沟通和协调能力，增强团队的整体效能。团队信赖课程，包括信任背摔、红黑博弈等，致力于构建和深化团队成员之间的信任关系，为团队的稳固打下基石。协作技能课程，通过电网、齐眉棍、逃生墙等活动，磨炼团队成员的意志和提高团队成员之间的合作和协同作战能力。

3. 根据活动场所划分

根据活动场所的不同，素质拓展训练的实践活动可分为室内情景训练、户外场地活动、野外挑战及水上冒险四种类型。其中室内情景训练专注于管理素质的培养，涵盖了组织能力、协调能力、判断能力、人际交往能力和领导才干的专题训练。此类活动主要是模拟真实的管理、领导、协调和沟通场景。学生将通过小组讨论的形式对实际题目进行策划与交流，并在后续的野外活动中予以实践。户外场地活动是为了提升学生的自我挑战能力、冒险精神和团队合作能力。这类项目包含信任背摔、高空断桥、高空单杠、高空天桥、高空漫步、速降、穿越沼泽、攀爬天梯和绳网等多种单人和团队组合项目，旨在帮助学生挑战自我、超越极限，并在过程中增强团队协作。野外挑战则更偏向于对学生的体能、毅力和野外生存技能的考验。其中包括远足、露营、登山攀岩、定向运动和野外生存等活动，每一项活动都是对学生身体与意志的双重考验。而水上冒险则集中于各类水域活动，如游泳、潜水、跳水、扎筏和划艇等。这些活动不仅能够锻炼学生的身体，还能够让他们体验在水中嬉戏的乐趣。

4. 根据参与人员划分

根据参与人员的不同，素质拓展训练的实践活动可分为个人项目、双人项目、团队项目。个人项目的主要目的是挑战个体的心理与身体极限，增强个体自信、独立性和自主决策能力，如高空断桥、攀岩、空中漫步等。双人项目主要培养学生与他人合作的能力，帮助学生了解与他人合作的重要性，并培养学生良好的人际交往能力，如双人速降、双人独木桥、双人绳索挑战等。团队项目主要培养团队合作精神，提升集体凝聚力，促进团队成员间的沟通与协作，如野外求生、团队接力、团队定向等。

5. 根据风险等级和实施场所划分

按风险等级和实施场所划分，素质拓展训练的实践活动包括较低风险的室内活动项目、较高风险的室内活动项目、较低风险的户外活动项目、较高风险的户外活动项目等。

较低风险的室内活动项目包括解谜、头脑风暴、模拟经营和角色扮演等。其主要是对个体心理上的挑战，而不是身体上的挑战。通过参与较低风险的室内活动项目，可以提高学生自身的心理素质。

较高风险的室内活动项目包括盲方阵、求生电网和数字传递等，项目主题多以团队挑战为核心。此类活动强调团队的集体领导与分工负责的重要性，旨在培养团队成员面对与克服困难的决心，提升团队成员间的沟通和合作能力。除此之外，通过参与这些活动，学生还将对层级管理、领导授权、监督机制以及时间管理等概念有更为深刻的了解。

较低风险的户外活动项目包括高台演讲、信任跳水等，这类活动的参与主体主要是个人。其主要目标是鼓励个人以积极态度参与并在团队的支持下接受挑战，从而增强自我信心和对团队成员的信任。

较高风险的户外活动项目包括高空断桥、空中单杠等，此类活动旨在通过团队协作激发个人潜能，鼓励他们面对和克服困难。通过这类活动，学生可以明确自身在团队中所处的位置，了解自己的实际能力和潜在能力；可以了解自身行为可能对团队造成的影响；也可以从中学习鼓励自己和他人的方法，以及从不同的角度看待问题等。

当前，许多高等教育机构在进行素质拓展训练课程时对场地的要求并不严格，仅需要一个开阔的空地。虽然某些训练设备如旗帜、竹竿、长绳、七巧板和雷阵图等都比较容易获取，但对于大部分学校来说，在校园内建立专门的素质拓展训练基地，包含空中单杠、空中断桥、空中独木桥和空中滑索等设施，仍是一大难题。结合其他高校开展素质拓展训练的经验，著者认为，开展素质拓展训练课程可以先从地面项目入手，利用那些易于获取的器械开展相应的训练。随着时间的推移和条件的成熟，学校可以与外部拓展训练公司合作，共同开展空中训练项目。总之，各个高等教育机构在开展拓展素质训练的实践活动时，应根据自身的具体条件和学生的实际需求，选择和设计合适的训练项目。

（二）实践活动的设置原则

在高校进行素质拓展训练实践活动课程的设计中，教师必须确保课程内容与学生的实际需求和成长阶段高度契合。此外，课程还应具备丰富性和综合性，以支持学生在多个领域中的全面发展（图 3-1）。

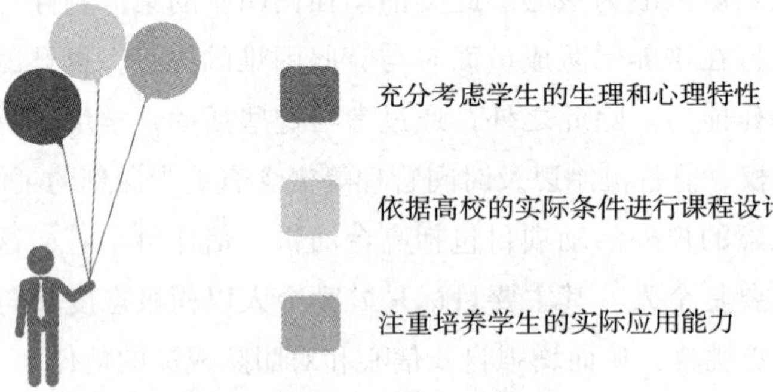

图 3-1　实践活动的设置原则

1. 充分考虑学生的生理和心理特性

高校学生处于青少年这一特殊阶段，他们与成年人在多个维度上都存在显著的差异。在素质拓展训练中，学校应当提供专为青少年设计的课程，而不是简单地采用成人课程。青少年在生理上，尤其在骨骼发育和肌肉组织方面，与成人有显著的不同。例如，他们的下肢负担不应过重，以避免影响身高发展，他们的肌肉也更加娇嫩，不耐疲劳。而在心理上，他们的思维仍然以抽象逻辑思维为主，对于许多核心价值观和信仰还在处于探索和建构的过程中。因此，在素质拓展训练实践活动的设置过程中，应当充分考虑到这些特点，并在心理训练中注意培养他们的心理承受能力。

2. 依据高校的实际条件进行课程设计

每所高校的场地、设备和师资力量都各不相同。因此，素质拓展训练的课程设计应当根据实际条件来进行，既能有效利用现有资源，也能确保经费使用的经济性。例如，某些训练项目中所需的设备或材料可以用其他相似的物品替代。课程的目标始终是促进学生的全面发展，而方法可以多种多样。

3. 注重培养学生的实际应用能力

在设计素质拓展训练课程时，除了充分考虑学生的生理和心理特性，还应确保课程能够与实际生活中可能遇到的情境相结合，从而培养学生的实际应用能力。这意味着课程不仅仅是理论和技能的传授，更应该注重情景模拟与实践，帮助学生将所学应用于实际情境中，增强他们的问题解决能力、决策能力和适应能力。例如，可以设计一些团队协作或具有挑战性的活动，使学生的能力在实践中得到锻炼与提高。这样，当他们在未来面对真正的挑战和困难时，能够更加自信和从容地应对。

（三）实践活动的注意事项

当组织和执行素质拓展训练的实践活动时，组织者需要考虑以下几点注意事项，以确保活动的顺利进行。

1. 明确目标

在开始任何实践活动之前，必须明确活动的目标和预期成果。这不仅有助于为活动提供方向，还能让学生明确他们的任务和预期目标。当学生知道他们正在为什么而努力，以及他们的努力最终将产生何种影响时，他们更容易积极参与并为实现目标付出努力。如果在高校素质拓展训练的实践活动中，教师预先设定了明确的目标，当活动结束时，就可以更容易地对实践活动的效果进行量化和评估，从而对未来的项目进行调整和完善。但是，仅仅设置目标是不够的，目标的质量也同样重要。好的目标应该是具体的、可衡量的、可实现的、相关的，并具有明确的时间限制。例如，将目标表达为“我们希望学生在这次为期三天的活动中，通过五个团队合作项目，学会如何有效地分配任务、沟通和解决问题”比将目标表达为“我们希望学生在这次活动中获得团队合作的经验”更好。

2. 安全首位

组织者应确保所有的实践活动都经过了风险评估，特别是那些可能涉及危险或需要特定技能的活动。教师应当提前制定安全规程，并确保所有学生都了解并遵循这些规程。

活动策划阶段，组织者需要深入了解每个项目的具体内容，明确潜在的风险，并制订相应的安全措施。不同的活动有其独特的风险特点，只有对这些风险有足够的认识，才能有效地规避它们。这也需要组织者有足够的专业知识和经验，以确保活动在安全的前提下进行。活动实施过程中，确保每位学生都能够正确理解和遵循安全指引是至关重要的。任何疏忽都可能导致不必要的伤害。因此，教师应该始终保持警惕，对于不安全的行为及时纠正，并加强对学生的安全教育。另外，活动过程中，可能会出现一些意想不到的情况，如突发性的天气变化、器材故障等。这就要求组织者有应变能力，能够迅速做出决策，调整活动计划，确保学生安全。安全不仅关乎学生的身体健康，还涉及他们的心理健康。在活动中，教师应确保每位学生都在一个积极、友好的氛围中，避免因为竞争、挑战等导致的不必要的心理压力。

3. 灵活调整

尽管事前的计划是必要的，但在面对意外情况时，也应具备灵活调整的能力。

每个学生的身心状态、学习能力和经验都有所不同，而这些差异会影响他们在素质拓展训练中的表现和体验。如果教师坚持按照预定的计划执行，而不考虑学生的反馈和实际情况，可能会导致部分学生无法跟上训练进度，或者感到不适。例如，对于某些技能和知识，可能有的学生需要更多的时间和练习才能掌握，而有的学生则能够迅速掌握。在这种情况下，及时调整教学方法或进度，以满足不同学生的需求，是非常必要的。此外，外部环境的变化也是需要考虑的因素。例如，天气的突变、器材的故障或其他不可控的因素，都可能对活动的进行造成影响。

在这种情况下，坚持按照原计划进行，不仅会降低活动的效果，甚至可能会带来安全隐患。因此，迅速做出决策，调整活动内容或形式，以适应当前的实际情况，是确保活动顺利进行的关键。

第三节　课程实施体系

在高校素质拓展训练课程的实施中，构建完善的实施体系至关重要。教师在指导素质拓展训练活动的过程中，要对课程的组成部分进行精心规划和调整，以确保教学活动能够顺利进行，达到预期的效果。一般来看，高校素质拓展训练课程的实施体系主要包括前期分析、课程设计、场景布置、挑战体验、分享回顾、引导总结、提升心智、改变行为等环节。

一、前期分析

在实施任何教学或培训项目前，深入了解和掌握目标受众的特性、需求和背景是确保训练效果的关键。对于教师来说，他们每次面对的学生群体都各具特色。每个学生都有着各自不同的家庭背景、文化背景和教育背景。另外，不同学生也会因性别、年龄和民族的差异而呈现出身体、心理上的不同。这意味着，教师需要对每一个参训学生进行深入的研究和了解，从而制定出更有针对性的训练策略。要想深入地了解学生，教师可以利用访谈或问卷调查的方式收集与学生相关的基本信息，如性别、年龄、性格等。同时，了解学生的兴趣爱好、成长环境，乃至成长背景也同样重要，因为这些因素可能会影响学生在训练中的参与度和效果。此外，对于高校学生而言，他们所学的专业及其对学生基本素质的要求也是教师在前期分析中需要考虑的重要方面。这些专业知识和技能会影响学生在拓展训练中的表现和需求。不同专业都有其独特的发展路径和要求。例如，工程类专业的学生可能需要更强的团队合作和实际操作能力；而文学类与艺术类专业的学生可能更注重创意思维和情感表达。教师了解这些专业特性后，可以更有针对性地为学生设计和安排训练内容。

当收集完所有的信息后，教师需将这些信息进行仔细、专业的分析和整合。这样，教师就可以根据学生的实际情况和需求，制订出系统的、有针对性的、科学的训练计划，确保训练活动能够更好地达到预期的效果。

二、课程设计

在高校素质拓展训练中，课程设计的任务不仅是创造出一套活动流程，更是根据学生的需求和特性，设计出一套能够满足这些需求和表现出训练效果的课程。

每次素质拓展训练都需要确立明确的学习目标。这个目标是贯穿训练活动始终的红线，它为课程设计提供了明确的方向。当学生数量庞大时，可能会涉及多位教师的参与，这时每位教师对于这次训练的目标理解必须一致，确保教学和指导的基调统一。对于大型的素质拓展训练，细节的安排尤为关键。课程项目的顺序、时间的分配，甚至如何高效利用场地和器材，都需要精细的规划。课程顺序应考虑教师的偏好与调节能力，留有备用项目，以确保训练活动即使面临突发情况也能继续进行，并最终达到预期效果。除此之外，为了确保训练活动的顺利进行，训练日程、经费预算、设施和地点甚至食宿安排等细节都需要提前考虑。这些内容应该以计划书的形式详细列出，这不仅能够确保每一个环节都得到仔细的规划，同时也能在计划书的撰写过程中及时发现和纠正潜在的问题。

在素质拓展训练课程的设计中，确保学习效果和学生的参与度至关重要。为了达到这个目标，教师需要特别关注以下几个关键方面。

（一）团队分组策略

当参与素质拓展训练的学生数量众多时，合理地分组显得尤为重要。这不仅是为了管理的便利性，更是为了提高团队成员之间的协同效果。简单地让学生与熟悉的同伴组队并不利于团队意识的培养和建设。真正的团队建设的意义在于让彼此不太熟悉的学生通过组织技巧和相互鼓励逐渐融合，共同完成任务。这样的团队训练不仅加深了原本相识的学员间的情感，更可能促使不同背景的学生为共同目标合作，展现出团队的强大合力。让学生自由选择伙伴很可能导致他们总是选择熟悉或喜欢的人，而这并不利于团队整体的融合。适当地调整团队成员，能够将原来与其存在矛盾的人转变为活动结束后的亲密伙伴，实现真正的团队融合，使他们在训练中取得最大的收获。

（二）拓展教师的专业素养

面对不同背景和目标的学生，教师需要拥有丰富的指导经验和多种教学策略。这意味着他们不仅要了解各种教学方法，还需要对学生的需求和特点有深入了解。教师在自己的职业生涯中应始终保持学习和成长，不断完善自我，并广泛与社会各界人士交流，以便更好地理解不同群体的需求。

（三）灵活的课程设计

素质拓展训练课程的设计并非一成不变。它需要根据学生的实际情况进行调整。例如，破冰课是为了帮助彼此不熟悉的学生快速打破陌生感而设置的。但对于已经相互认识的学员，如同班或同系的学员，可能就需要适当缩短此环节的时间。而如果学生彼此之间都不太了解，那么可以将一些破冰活动作为课程的开端，如鼓励小组进行突破性的活动，消除他们之间的隔阂，再逐渐提高任务的挑战难度。

三、场景布置

在高校素质拓展训练课程设计中，应紧密围绕活动内容设计场景。一个得当的场景布置能够营造出与活动相符的氛围，进而提高学生的参与热情，使他们更快速地融入其中。然而，场景布置的过程并不是随意的，它需要教师的精心设计和指导。为确保活动的连贯性和高效性，场景应在活动开始前就完全布置好。一旦学生进入训练区域，他们看到的应该是一个为活动量身定做，准备妥当的场景，而不是尚未布置完毕的区域，以免降低其对活动的期待和新鲜感。

需要注意的是，在某些素质拓展训练中，道具的选择与使用也成为场景布置的一部分。例如，使用眼罩可以模拟黑暗的场景或失明的状态，使学生有更真实的体验感。此外，有些活动对于道具的选择极为严格，如“鸡蛋保卫战”。在这个活动中，仅有生鸡蛋破裂的那一刹那，学生才能真切地体验到挫折和失败感。因此，通过合理、得当的场景和道具设置，可以极大地增强学生的参与感和情感体验，从而达到最佳的训练效果。

四、挑战体验

挑战体验旨在使学生完成特定任务，通过亲身参与来体验和理解项目的核心理念，并由此得到深刻的感悟。挑战体验的项目多种多样，但它们并不全是高难度的挑战。虽然有些项目看起来令人生畏，但实际上并没有超出大多数人的能力范围。与之相反，某些看起来简单的任务，在真正的实践中可能需要付出更多的努力。为此，教师应提供适当的指导，使学生能够正确地面对即将到来的挑战。项目的难度与其设计紧密相关。总的来说，与室内活动项目相比，户外活动项目的难度更大；涉及更多体力消耗、高风险或使用更多道具的项目，其难度也相对更高。不过，每种项目都有其独特的目标：高难度的项目旨在提升个人素质和挖掘个人潜能，而低难度的项目则更侧重于提升个人团队合作和解决问题的能力。

学生对于项目难度的认知，是基于其个人的感悟、态度和价值观的综合判断。以同一项目为例，某些学生可能会觉得只要努力就能完成，因此他们全力以赴并成功地完成了任务；而另一些学员可能会觉得任务极为困难，难以达成，这样的心态往往会导致他们的失败。由此可见，教师在布置任务时，应精准判断学生的认知状态，适时地给予必要的引导和建议。教师应鼓励学生保持坚韧不拔的精神，全力以赴地面对每一个挑战。对学生来说，他们对项目的初步判断，可能并不完全符合项目的真正难度。在这种情况下，教师应适时给予简短的指导和建议，帮助学生树立积极的心态和合理的期望，从而有效地缓解他们的心理负担（表 3-1）。

表3-1　学生对项目难度的判断分析及教师提示

项目本身的难度	学生挑战前的认知	教师提示	提示目的
较低难度的项目	较低难度的项目	仅仅完成是不够的，做得更好一些，有些队伍完成得非常优秀	让大家在成功中追求卓越
	中等难度的项目	信心的建立在于我们能够取得成功，给自己一次获得成功的经验吧，加油	导向成果态势
	较高难度的项目	树立信心是成功的关键，困难有时就像纸老虎，相信自己，我对你们有信心	防止过于谨慎，避免保守行为

续 表

项目本身的难度	学生挑战前的认知	教师提示	提示目的
中等难度的项目	较低难度的项目	不要觉得自己完全有把握，有不少队伍都在这个项目上后悔不已啊	让学生明白自己有些轻敌
	中等难度的项目	机遇是给有准备的人准备的，你们准备好了吗	认可，不需太多提示
	较高难度的项目	有时候困难并没有想象中可怕，要相信自己，你们能行	多些鼓励，让学生从受挫情绪中走出来
较高难度的项目	较低难度的项目	这是一个成功率很低的项目，可能会出现很多意想不到的困难，一定要认真对待	提醒警示，暗示困难很多
	中等难度的项目	正确对待任务，不要轻视任务，每一项任务都需要付出努力，多些努力吧	提醒作用
	较高难度的项目	这是一个有一定难度的项目，注意安全与时间把握，只要认真努力，也许你们完成的会和其他队伍一样好，我对你们有信心	认可有难度，给予信心和鼓励

学生的体验从素质拓展训练的课程设计阶段就已经启动。这一阶段的课程设计往往预示着体验的最终效果。除非有特定的需求或教师进行了周全的准备，一般情况下，教师会为学生提供一个充分自主的空间，而不轻易更改已设定的活动规则。挑战的实施过程实际上是学生的实践阶段，由于学生对素质拓展训练的难度认知各不相同，每个学生的体验结果也会有所不同。教师可以在活动中为学生安排助手角色，这些助手不仅可以记录活动进展，还能确保其他学生的安全。同时，教师自己也要始终关注学生的安全，并详细记录活动过程的每一个环节，这将为活

动后的分享和总结提供重要的参考。另外，活动的流程应该是连续和流畅的，应避免在活动中出现尴尬的时刻或项目间的断层，最好能确保整个团队的完整参与。

当学生在活动中面临困境时，不应在第一时间寻求教师的援助，而是应该信任自己和团队，依靠个人及团队的力量来克服困难。但在实际训练中，有些学生经常试图通过观察教师的行为来获取线索。这种做法其实已经违背了活动的公正性原则。

五、分享回顾

分享回顾是在学生完成素质拓展训练后，教师提供一个平台，让他们按照一定的方式真诚地阐述自己在任务完成过程中的心路历程。这不仅是一个简单的总结，而是一种由身体到心灵的深度体验和升华。在这个平台上，学生可以结合教师记录的活动过程，活动与其他人分享自己的得失，同时倾听他人的观点，寻求共鸣，保持差异，从而与同学达成一种更为深入的默契。分享回顾过程是素质拓展训练的核心部分，强调从参与到反思，再到深入的精神体验的转变。

为了确保每位学生都有机会在分享回顾环节中表达自己的感受，高校一般会采用轮流发言与随机发言相结合的形式。这种方法旨在确保每个人都有平等的机会分享他们的体验，特别是在训练的初期，必须确保每位学生都有机会发言，从而让整个团队更好地了解每个成员的感受和看法，共同为之后的项目和挑战做好准备。

在进行分享回顾环节时，应遵循以下几个主要原则（图 3-2）。

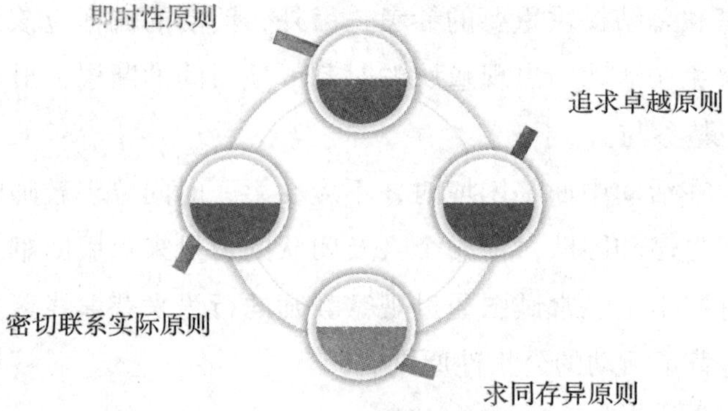

图 3-2　分享回顾的原则

（一）即时性原则

完成项目后应当立即进行回顾。这样的“即时反馈”方式能确保学生对项目的记忆鲜明，使他们在大脑的高度兴奋状态下真实地表达各种想法和情感。例如，在孤岛求生这样的项目结束之后，学生的情绪往往仍处于高涨状态中，他们纷纷表达自己的体验和看法。如果延迟了回顾的时间，随着兴奋期的消退，学生对部分细节的印象和对整个项目的感受可能会变得模糊。

（二）密切联系实际原则

在分享自己在项目中的感受后，学生应当进一步思考项目与自身日常生活或工作的关联性。毕竟，素质拓展训练的最终目标是帮助学生在未来的生活和工作中取得更好的表现。在讨论过程中，有时团队可能会过度聚焦于项目本身的细节。此时，教师有责任引导学生将讨论的焦点转向项目与实际生活之间的联系，确保学习体验更具针对性和意义。

（三）求同存异原则

由于每个人的成长背景和价值观都有所不同，面对相同的事物，其观点和感受也会有所区别。在素质拓展训练后的分享回顾环节，每位学生都应该坦诚地表达自己的真实体验。当出现不同的意见时，教师应适当地提供指导，鼓励学生自由地表达自己的看法，而不是进行对立的争论。学生之间应当本着包容的态度，进行开放式交流，这样可以更深入地理解每个人对于同一项目的不同见解，从而拓展自己的思维。

（四）追求卓越原则

事物往往具有多面性，因此，要想全面地认识事物，就需要从辩证的角度去看待事物。在回顾的过程中，教师应指导学生从多个角度分析观点，即在讨论某一问题的长处时，同时也能指出其短处，并真诚地听取与自己观点不同的声音。但值得强调的是，教师在引导的过程中，应鼓励学生更多从积极的角度思考问题，避免在讨论中过分关注消极、抱怨具有或讽刺性的内容，确保积极正向的讨论氛围。

六、引导总结

引导总结是对活动中的问题和认知感受进行深入剖析，并依托素质拓展训练理论基础，实现知识的系统化和严谨化。这一环节通常由经验丰富的教师承担，但在某些情境中，教师也可能将这一权利委托给特定的学生，让其与同学们分享独特的见解。

在引导过程中，教师经常运用各种理论，如“马太效应”“鲶鱼效应”“木桶原理”等，对活动行为进行科学的总结和解释。尽管这些理论能为学生提供深入的见解，但需要注意的是，这些理论应当在合适的场景中适度使用，避免冗赘或者过度复杂。毕竟，在分享回顾环节，并不是每次都需要引入复杂的理论。有时，为了有效地传递信息，简单的故事、寓言或真实案例往往更为有效。

此外，引导总结并非孤立进行，而是经常与分享回顾环节相互交织。在此过程中，教师应当灵活运用各种策略，如适时的点评、生动的故事等，这样不仅能活化课堂，还能确保所传达的信息深入学生心中，达到教与学的双向互动，从而实现真正的教育意义。

七、提升心智

提升心智是指通过鼓励与肯定，学生对自身的能力和潜力产生新的、更高的认识，从而更加信任团队，并坚信自己在实际工作与生活中能够有效地应用所学知识与技能。然而，事实上，在素质拓展训练中，学生经常误解其主旨，将其看作是简单的游戏或娱乐。尽管他们在活动中有丰富的体验，获得了某些解决问题的方法，但很多学生仍然缺乏对自己的信心，并对团队协作的理念存在疑虑。这些问题的出现，很大程度上源于学生参与素质拓展训练的时间较短，以及学生对有趣项目的过分关注，以及对后续的活动总结的忽视。

要真正实现心智的提升，一味的鼓励与肯定并不可取，应当基于学生的实际表现给予中肯的评价。许多学生在参与素质拓展训练后会有种“重获青春”的感觉，这种心理变化其实是一种正面的自我认知的提升，也是素质拓展训练的价值之一。但另一方面，过分或不切实际的鼓励可能会导致学生对自己的评价产生偏差，如将小小的成就过度放大，或与其他队伍进行不恰当的比较。因此，在提升心智的过程中，教师在对学生进行肯定和鼓励的同时，也应适时提供建设性的批评和建议。这不仅有助于学生真实地看待自己，更能促进学生成长，帮助学生实现真正的素质提升。总之，教师在这一环节中所扮演的角色至关重要，他们要对学生进行客观评价，为每一个学生的长远发展铺路。

八、改变行为

改变行为的目的是确保学生将训练中的感悟和理论知识真正转化为实际行动，进而达到最初的学习目标。素质拓展训练并不仅仅局限于活动的当下，其更深远的价值主要体现在学生未来的工作和生活中。学习的最终目标是要使所学内容得到实际应用。一次成功的素质拓展训练，不仅仅要求教师有出色的课程设计和授课能力，同样也依赖于学生的参与态度和学习意识。有时，即使在训练中学生的表现出色，但若他们不能有效地将这些经验和感悟与未来的实际情境相结合，那么这样的训练便失去了其意义。

因此，为了确保训练效果得到有效转化，学生对于素质拓展训练的形式、内容及目的应有充分的了解和预期。这种认知能够帮助他们更加主动地投入训练过程，更深入地体验和反思，而不仅仅是满足于训练时的表面热闹。训练结束后，学生所获得的应不仅仅是对项目结果的满足感，更应是对项目背后蕴含的人生哲理的深刻的感悟和理解，这才是教师和学生共同追求的结果。当然，要提高学生的协作能力、沟通能力、领导能力和开拓能力，仅依靠短期的素质拓展训练显然是不够的。这些技能和品质的培养是一个长期、系统的过程。素质拓展训练为学生提供了一个互动与体验的平台，让他们能够互相熟悉，学习如何融入团队，激发对未来工作和生活的激情和期待。

第四节　课程评价体系

素质拓展训练课程本质是一门体育课程，它以学生参加团队活动为主要形式，活动注重团队成员间的沟通与协作，力求使学生获得身体、心理等方面的提升。既然是一门体育课程，素质拓展训练就需要通过考核与评价的方法来评估教学成果，而评估的标准就是学生参加活动后，其体能与技能、体育认知与态度、交往与合作精神、意志品质等身体或心理方面的变化情况。

一般来看，高校素质拓展训练课程的评价体系应主要包括以下几个方面的内容。

一、评价目标

高校素质拓展训练课程的评价目标旨在对学生的综合素质进行深入地了解并加以提升。评价不仅关注学生在活动中的实际表现，还能够对学生的团队协作能力、解决问题的能力、领导力、沟通能力以及面对挑战时的心理承受力提升提供一定帮助。此外，评价还能够帮助学生反思自己在活动中的角色与贡献，从而更好地认识自己，发现自己的潜能和不足，进一步制定针对性的自我提升策略。同时，评价目标也关注课程设置与执行的效果，希望通过对学生的反馈和表现，不断优化课程设计，使之更加契合学生的需求和高校的教育目标。综合看来，这样的评价，既能促进学生的成长和进步，也能确保课程始终保持其应有的教育价值和意义。

二、评价原则

为了更好地进行评价，高校应该基于素质拓展训练的核心目的和教育原则来制定评价标准，综合采用各种评价方法和系统，对教学过程和预期结果进行综合评估。素质拓展训练的评价体系不仅专注于学生的学业成绩，更加注重挖掘和发展学生的多方面潜能。其目标在于增强学生的心理健康，提高他们的社会适应能力，帮助他们在成长过程中发现自己的需求，从而增强自我意识和建立自信。通过这样的评价，教师不仅能够更好地了解学生的需求，还能确保教学方法的持续改进，使之更加贴合学生的实际情况。从评估的视角出发，素质拓展训练课程的评价体系，更应强调对学生心理状态的评估。具体来看，高校素质拓展训练的评价原则主要包括以下内容。

（一）突出学习评价的整体性和综合性

整体性和综合性要求对学生进行全方位、多维度的评估，而不仅仅局限于对学生在素质拓展训练中的基础理论知识和实际操作技能的考核。这意味着，除了对学生的知识掌握程度进行评估外，还需要对学生的学习态度、智力因素、社会适应能力、创新精神和心理素质等多个方面进行综合评价。

这样的评价方式，更能准确反映学生在参与素质拓展训练时的实际表现和身心发展状况。尤其是在当前社会对于学生的综合素质和能力有更高要求的背景下，一个既整体又综合的评价体系，更能帮助教师指导学生进步，促进学生成长。此外，每位学生都有其独特的成长背景和经历，他们的身心特质、学习习惯和需求都存在差异。因此，评价体系还需考虑学生成长过程的多样性，尽量做到“因材施教”，真正做到贴近学生的实际生活，从而使评价更为公正、准确。

（二）多种评价方式相结合

素质拓展训练的核心价值在于通过体验活动促进学生的心理健康和增强学生的社会适应能力。这一训练过程是动态和非线性的，它不仅涉及学生的知识和技能的掌握，还涉及学生心理和情感的变化。因此，评价素质拓展训练过程并不简单。为了更真实、全面地评估学生在素质拓展训练中的表现和收获，多种评价方式相结合至关重要。

形成性评价和终结性评价结合。形成性评价和终结性评价是两种不同的评价方式，两者的侧重点和特点各不相同。形成性评价关注学生的学习过程，终结性评价关注学生的学习结果。两种评价方式的结合能够帮助教师从不同角度、不同维度去观察和评估学生的成长。这样的评价方式不仅能够对学生在学习过程中的努力和付出给予及时的反馈，还能促使学生达到预定的学习目标。

学生互评与教师评价结合。学生互评与教师评价结合的评价方式是从另一个层面对学生的学习进行的评估。学生在参与互评的过程中，不仅能认识他人视角中的自己，还能在互评过程中培养自己的批判性思维和团队合作精神。而教师评价则能够为学生提供更为专业和客观的反馈，帮助学生明确自己的优势和需要改进的地方。

等级评定与评语结合。等级评定简洁明了，一目了然，而评语则能详细指出学生在哪些方面表现出色，哪些方面还需努力。这种评价方式能为学生提供更为具体和直观的评估信息，促进学生成长进步。

多样化的评价方式能够实现“优势互补”，弥补单一评价方式的不足。特别是将学生互评方式纳入评价体系中，能够充分调动学生的主体性，激发他们对素质拓展训练的热情，使学生更加深入地理解和掌握训练内容。

（三）开展特色评价，重视学生的个性发展

评价不仅是对学生学习成果的反馈，更是对学生今后学习和生活的激励和指导。当人们强调评价应具有激励性时，意味着人们希望通过评价来巩固学生的正确意识和态度，引导他们产生积极的行为变化。在这一过程中，激励的时机和方式十分关键。当学生表现出积极的行为或取得进步时，及时、适当地提供一些激励是必要的。人们可以运用各种激励方法，如表扬、语言鼓励或情感鼓舞，为学生创造更多的机会和创新空间，满足他们对鼓励的需求，并确保教育的实效，进而全面促进学生的个性发展。

同时，随机评价在拓展训练中也占据了重要位置。这种评价方式能够迅速、实时地对学生的表现进行评估。随机评价通常以口头形式进行，它重视每位参训学生的个性发展和团队建设。随机评价可以肯定学生在学习过程中的出色表现，同时为学生的不足提供建设性的反馈，帮助他们更好地认识自己，增强自信。一个恰当的随机评价，例如，在学生成功完成一项难度较大的任务时的及时鼓励，如“做得很好”或“你真棒”，不仅可以增强学生的信心，还会在他们心中留下难忘的印象，激发他们在未来的学习和生活中追求更高成就的动力。

三、评价内容

高校素质拓展训练课程旨在培养学生的全面素质，因此，它的评价内容包括体能素质、心理素质、沟通与协作、解决问题的能力、态度与参与度等多个方面（表 3-2）。其中体能素质的评价，主要关注学生的身体耐力、敏捷性和力量。体能方面的训练通常涉及登山、攀岩和其他物理活动，旨在提高学生的身体健康和培养学生的锻炼习惯。通过对体能素质的评价，可以了解学生是否具备了克服体力挑战的能力，以及他们在体能方面的持续进步。心理素质评价指的是对学生在面对压力和挑战时的反应的评价。评价内容主要包括他们的心态、韧性以及如何管理和调整自己的情绪。一个强大的心理素质意味着学生可以在困境中保持冷静，继续前进，克服障碍。沟通与协作能力的评价，则关注学生与他人交往的技巧。有效的沟通和协作对于团队的成功至关重要。学生需要展现他们如何倾听、如何传达自己的观点，以及如何在团队中协同工作的能力。解决问题的能力则体现在学生面对问题时，能否迅速、准确地找出问题的关键，并采取有效的解决办法。这一点不仅仅涉及学生的智力水平，还包括他们的创造力、分析能力和实践应用能力。态度与参与度的评价，关注学生对训练的态度和实际的参与程度。这意味着学生是否全情投入，是否始终保持积极的态度，并且是否愿意与其他人合作，共同完成任务。

表3-2　高校素质拓展训练课程评价内容示例表

评价内容	二级指标	得分（1～5分）	评价员备注	学生自评
体能素质	耐力表现			1. 我在这次训练中最大的收获 2. 我觉得自己还需要改进的地方
	速度和敏捷度			
	力量与体能维持时间			
心理素质	应对压力的能力			
	面对挑战的勇气			
	自我管理与自控力			
沟通与协作	沟通技巧			
	合作态度			
	团队领导能力			
解决问题的能力	创新能力			
	应变能力			
	分析与决策能力			
态度与参与度	积极参与			
	对人物的热情与专注			
	对团队活动的认同感			

注：评价员在打分时，5分为“优秀”，1分为“很差”。每个项目的评价内容都应该根据训练的实际内容进行评估。

该表只是一个基本的素质拓展训练评价表模板，高校可以根据具体的训练内容和目标对其进行调整和扩展，并全方位地了解和评估学生在课程中所获得的知识、技能和态度。具体到如何确定素质拓展训练的评价内容时，高校必须考虑以下几个方面的内容。

（一）设定标准，强化基础锻炼

设定考核标准可以确保评价的客观性和公正性，为教练或培训师提供明确的方向，确保所有参与者都明确知道什么是合格的、什么是优秀的。标准化的考核不仅可以确保每位学生都在同一起跑线上，而且可以防止由于评价过于主观导致的偏见或不公。

与此同时，素质拓展训练课程不仅仅是一次简单的技能考核。其深层次的目的是培养学生的综合素质，使他们更加坚韧、更具挑战性和团队精神。为此，强化基础锻炼是必不可少的。基础锻炼，如体能训练、力量训练和柔韧性训练，为学生提供了面对各种挑战时所需的体力和精力。只有学生的身体素质得到了增强，他们才能在更复杂、更具挑战性的任务中有出色的表现。因此，高校在制定素质拓展训练的评价内容时，不仅要注重对技能和知识的评价，还要确保学生的基本体能得到了适当的锻炼和考察。

（二）制定多元化的考核指标

多元化的考核指标是对学生全面、多角度的评价，它旨在涵盖学生的各种技能和能力，从而确保学生在课程中获得全面的发展。多元化的考核指标不仅仅关注学生的某一方面的能力或知识，而是涵盖了学生的各个方面，如技能掌握、心理素质、团队协作能力等。这样，教育者可以更好地了解学生的长处和短处，从而为他们提供更具针对性地培训和辅导。同时，学生也能从中获得更多的反馈，了解自己在哪些方面需要加强。此外，多元化的考核指标还能避免因单一指标导致的评价偏见。单一指标可能导致某些学生在某一方面的表现特别突出，但在其他方面却较为薄弱，这样的评价方式可能会忽略学生的某些能力或潜力。因此，高校在制定素质拓展训练的评价内容时，应当采用多元化的考核指标，为学生提供全面、公正的评价，确保他们在课程中获得全面的发展和进步。

（三）细化各项评价标准

对于素质拓展训练这种多维度、复合型的课程，仅仅设定宏观、笼统的评价标准可能会导致评价的模糊性，不利于教师和学生对教学目标的理解和掌握。而细化的评价标准则可以为教师提供清晰的教学指导，为学生提供明确的学习目标，从而确保教学的高效性。通过为每一个评价指标设定明确、具体的要求，教师可以确保每一个学生都按照同样的标准进行评价，从而避免了因为标准模糊导致的评价偏见或误差。此外，细化的评价标准也有助于对学生的个体差异进行针对性的评价。不同的学生可能擅长不同的方面，细化的评价标准能够确保每一个学生都能得到公正、客观的评价，从而更好地指导他们的学习和发展。

在细化各项评价标准时，教师首先要确切了解评价的目的是什么，是对学生的某一技能进行评价，还是对其综合能力进行评价。然后将大的目标分为子目标，例如，评价学生的沟通能力时，可以将其进一步细化为：语言表达能力、倾听理解能力、非语言沟通技巧等。之后确立评价方式和标准，为每个具体指标选择合适的评价工具，例如，观察、测试、自我评估等，并设定评价的标准或等级，如“优秀”“良好”“合格”“不合格”等。此外，随着教学内容和方法的更新，评价标准也可能需要进行相应的调整。教师应经常回顾和修订评价标准，确保其与教学目标和实际情境保持一致。

四、评价方法

高校素质拓展训练课程是对学生心智、情感、身体等多方面能力的锻炼与培养，因而其评价方式也应当多角度、全方位地反映学生在这一过程中的成长与变化。一个有效的评价方法既要确保学生的实际操作与技能得到准确的评估，又要关注其在团队合作、沟通协调等软技能方面的表现。此外，评价还需要有助于学生自我认识、自我能力的提升，真正实现教与学的双向发展。

在素质拓展训练课程中，高校可采用的评价方法主要包括以下几种（图 3-3）。

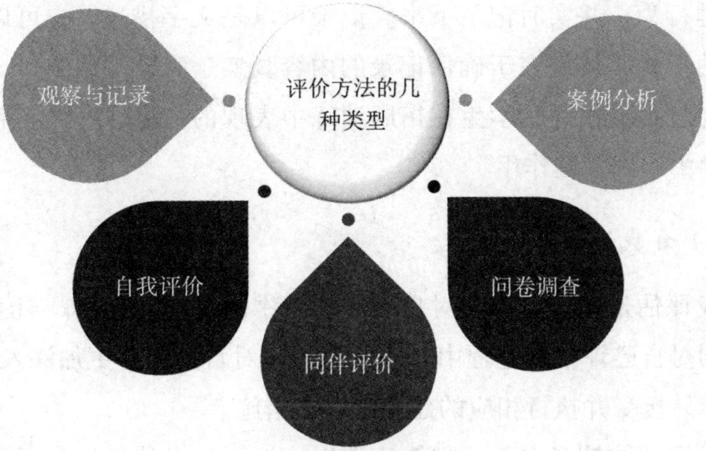

图 3-3 评价方法的几种类型

（一）观察与记录

由于许多素质拓展活动都是以团队为基础的，教师可以在现场观察学生的表现，记录他们在团队互动、任务完成以及面对挑战时的表现。这种实时的记录为后续的评价提供了宝贵的数据。

观察与记录是一种直接、实时地对学生行为和表现进行捕捉的方式。通过对学生参与活动的全过程进行细致观察，教师可以更为真实、深入地了解学生在面对挑战、解决问题或与团队成员互动时的表现。在许多拓展活动中，学生的反应和行为往往是即时、自然的，而这些微小的细节或许在其他评价方式中难以捕捉。例如，一个学生在高空项目中的畏惧情绪、在团队讨论中的主动性或在解决难题时的创新思维都是观察的重要内容。这些细节往往能揭示学生的心理状态、团队协作能力和实际操作能力，从而为教练或教师提供更加全面的评估依据。

在素质拓展训练课程中，初始阶段，教练或教师需要确定具体的关注点，如团队合作中的沟通、领导力的展现等关键行为或表现。接着，在实际的素质拓展训练过程中，教师应保持高度的警觉性，捕捉学生的这些关键行为，并实时记录下来。记录可以是文字描述，也可以是视频或音频的形式，关键在于确保记录的内容真实、完整。结束后，这些记录将成为教师提供评估学生在拓展训练中表现的依据，并可在后续的反馈与指导中起到关键作用。

（二）自我评估

自我评估是让学生自己对自己在训练中的表现的评估。当学生主动地参与到对自己评估的过程中时，他们不仅对自身有了更加深入的了解，而且更容易接受并执行相应的建议和改进措施。

自我评估的核心在于，它能让学生认识到自身的长处与不足，引导他们发掘潜在的能力，同时也能帮助他们明确目标和方向。这是一种从内到外的认知过程，它让学生更加珍视每一次的体验，也更愿意为之付出努力。

实施自我评估时，通常需要学生在经过一系列的拓展活动后，对自己在其中的表现进行回顾和思考。教师可以提供一系列具有指导性的问题或话题，如“你认为自己在团队合作中担当的角色是什么？”或“在这次活动中，你觉得自己的哪些方面表现得最出色？”这样的问题旨在引导学生深入地思考，从而形成具有洞察力的评估。但自我评估并不意味着完全依赖学生的主观感受。为了确保评估的准确性和客观性，教练或教师还需要为学生提供具体的评估标准和参考，以帮助他们更加全面地审视自己。这种主观与客观相结合的评估方式不仅能够帮助学生认识自己的真实水平，还能为他们提供改进的方向和动力。总的来说，自我评估旨在鼓励学生更加主动地参与到自身的成长过程中，帮助他们形成对自己的正确认识，从而更好地融入团队，发挥自己的潜能。

（三）同伴评价

同伴评价是一种让学生间互相评估彼此表现的方法，它的特点在于评价者和被评价者都是同一学习或工作环境中的成员。在高校素质拓展训练课程中，同伴评价可以为学生提供一个从同伴视角观察和了解自己的机会，从而增强他们的自我认知和团队意识。

同伴评价能够提供多元化的反馈，因为每位同伴都有其独特的观点和经验，这为学生提供了一个从不同视角审视自己的机会。相较于教师的评价，同伴评价更接近于学生日常的交往和互动，因此更具有现实意义。它有助于学生识别自己在团队中的角色和价值，也有助于他们理解和尊重他人的不同。

进行同伴评价时，通常要求学生在一次拓展活动结束后，对其他同学的表现给予评价。评价的内容可以涉及参与态度、合作精神、解决问题的能力等方面。为确保评价的公正性和客观性，学生在评价过程中应避免带有主观偏见，教师应鼓励学生从事实出发，给出具体的评价理由。尽管同伴评价有诸多优点，但也需注意它可能带来的困扰，如同学间的私人恩怨或竞争关系可能会影响评价的公正性。因此，在引导学生进行同伴评价时，教师应确保评价的正当性，提醒学生避免主观偏见，并强调评价的目的在于帮助每个人进步，而不是批判或贬低。

（四）问卷与调查

这是一个更为定量的评价方法，教师可以设计一套关于素质拓展训练课程的问卷，包括学生对活动的满意度、所学到的技能和知识、对自己和团队的评价等。问卷应包括多种问题类型，如选择题、简答题和量表评分，以便对学生的感受、经验和评价进行全方位的探查。好的问卷设计应确保问题的明确性和可理解性，避免引导性或模糊的措辞，确保收集到的数据准确无误。

在高校素质拓展训练中，问卷调查常用来评估学生对活动的满意度、教师的教学质量以及课程结构的合理性等。此外，它还可以用来评估学生在训练中的心理、体能和团队合作方面的变化，从而更好地了解课程的长处和短板。进行问卷调查时，分发和回收的时机十分关键。为了确保获得真实、准确的反馈，问卷的分发和回收通常建议在活动结束后的短时间内进行。此时，学生的记忆仍然新鲜，他们能够更真实地评价自己的经历和感受。但问卷与调查也有其局限性，如数据可能受到学生的主观情绪和当时环境的影响而缺乏准确性。因此，解读问卷结果时应综合考虑多方面的信息，避免过于片面的解读。

（五）案例分析

学生可以在素质拓展训练结束后，针对某一具体情境编写案例，分析其中的问题，并提供自己的解决方案。这不仅可以考查学生的实际操作能力，还能够评估其分析和解决问题的能力。与传统的书面测试和问卷调查不同，案例分析强调的是实际情境中的应用和体验。它往往涉及具体的问题或挑战，要求学生根据自己的知识和经验提出解决方案或建议。这种方法可以揭示学生在面对真实挑战时的思维方式和行为选择。

在高校素质拓展训练中，案例可能涉及团队合作、沟通、冲突解决等多个方面。例如，一个案例可能描述了一个团队在完成任务时出现的分歧和冲突，要求学生分析原因并提出解决策略。通过这种方式，教师可以更深入地了解学生在团队中的角色、沟通风格和处理冲突的策略。值得注意的是，案例分析不仅仅是对学生的评价，它同时也是一种学习方法。通过分析和讨论案例，学生可以从中汲取经验，学习到新的知识和策略，进一步提高自己的能力和素养。然而，案例分析也需要教师具备一定的经验和敏感度。一个好的案例应该具有典型性和普遍性，能够真实反映学生可能遇到的挑战和问题。此外，教师还需要有足够的指导和反馈能力，确保学生能够从案例中获得真正的启示和成长。

五、评价主体

高校素质拓展训练课程的评价主体可以是教练或培训师、学生个体、同伴，他们都可以从不同的角度、经验和背景为高校素质拓展训练课程的优化提供宝贵的信息和反馈。

（一）教练或培训师

作为课程的直接执行者和组织者，教练可以评估学生在活动中的表现、参与度和进步情况。他们还可以从教育的角度评价课程设计的合理性和实际效果。

从教练或培训师的角度看，评价的重心在于学生在活动中的实际表现。他们日常与学生互动，观察学生的反应，了解学生的需求和困惑，并努力调整教学方法以满足每个学生的特殊需求。这种深入的接触和互动使他们能够准确地评估学生的进步程度、参与度和对课程内容的吸收程度。除此之外，教练或培训师还能够从教育的角度评估课程的实际效果。他们对课程设计有深入的了解，知道哪些方法或策略在实际操作中效果最好，哪些可能需要调整或优化。通过与学生的互动，他们还可以了解到哪些内容对学生最有吸引力，哪些可能需要进一步强化或解释。同时，作为经验丰富的培训师，他们可以判断学生在课程中面临的挑战与压力是否适度，以及这些挑战是否有助于学生的成长和发展。他们关心的不仅仅是学生的短期表现，更注重培养学生的长期能力，如团队合作、沟通技巧和解决问题的能力。

此外，教练或培训师还会关注课程的整体运行情况。他们会对课程的时间安排、资源分配和活动流程提出建议，确保课程的顺利进行，同时满足学生和学校的期望。

（二）学生个体

学生是高校素质拓展训练课程的直接受益者，也是教育过程中的核心参与者。学生个体的评价可以反映出高校素质拓展训练课程的开展效果。他们的反馈可以直接指出课程中哪些部分是他们最感兴趣的，哪些部分他们可能存在困惑或障碍，以及他们在实际操作中遇到的问题。而且，学生在进行课程评价时，往往基于自己的需求和经验，他们会关心这门课程是否真正帮助自己提高了团队合作、沟通交流、解决问题的能力，以及是否真正增强了自己的心理素质和身体素质。这些信息对于教练或培训师来说，都是非常宝贵的反馈。学生的评价也反映着他们对于课程组织和实施的满意度。例如，他们是否觉得活动安排得当、时间分配合理，以及教练或培训师的指导方式是否得当。另外，学生个体作为评价主体，他们的评价往往更加真实、客观。因为他们直接参与了整个训练过程，所以他们的评价更能反映课程的真实效果和存在的问题。

（三）同伴

由于同伴间通常建立了一定的信任关系，他们的评价往往更为真实和客观。他们不仅可以从个人的角度看待课程，还能够从团队合作的角度来观察和感受，这使得他们的评价更具深度和广度。例如，他们可能会注意到某位成员在团队合作中的特殊贡献或团队发生的一些变化，这些可能是教练或培训师难以观察到的。同伴评价还能够促进学生之间的互动和沟通。这种互动不仅是任务完成的关键，还是建立团队精神、增进相互理解和促进个体成长的途径。同伴能够感知到哪些互动促进了团队的高效运作，哪些互动可能导致成员发生冲突。此外，同伴评价也能够发现个体的潜在能力和需求。在实际的训练中，可能有些学生展现出了出乎意料的能力，或者有些学生需要在某些方面获得额外的支持。此时，同伴往往能够捕捉到这些细微的差异，并在评价中给予相应的反馈。但也应注意，同伴评价也可能会受到团队氛围、个人关系或其他非客观因素的影响。为了确保评价的有效性，教师应提供一个平等交流的平台，让学生能够真实、公正地表达自己的看法。

六、评价过程

高校素质拓展训练课程的评价过程不仅要保持合理与科学性，还要具有灵活性，确保评价者在评价过程中既能广泛地收集信息，又能深入地针对个体或特定情景进行分析。在这一过程中，数据的采集和分析是至关重要的。要想客观和公正地评估学生的表现，评价者需要采用多种方法，结合整体和个体的数据，全面了解学生在训练中的实际表现。例如，对于那些需要在特定时间或阶段进行评价的内容，评价者需要集中资源，在特定的时间段内进行详细的数据采集和分析，这被称为阶段性评价。这样的评价可以帮助教师对学生在某一个阶段的表现有更为准确的了解，例如，他们在某个特定的训练模块中的成果或在某次团队活动中的贡献等。

与此同时，为了确保评价的全面性，评价者还需要进行周期性的数据采集，如年度滚动调查，这被称为常规性评价。这样的评价方法可以帮助教师更好地了解学生在一个较长时间段内的整体表现，例如，他们在整个学年中的进步情况或他们与团队成员的长期互动情况。

这两种评价方式虽然有所不同，但都是为了确保教师能够对学生的表现有一个全面而深入的了解。无论是阶段性的集中评价，还是常规性的评价，评价者都应遵循合理、科学和客观的原则，以确保对学生评价的公平性和准确性。这不仅可以帮助学生更好地了解自己的长处和短板，还可以为教练或培训师提供有价值的反馈，帮助他们不断完善教学方法，提高教学效果。

第五节　课程教学模式

素质拓展训练课程是一门涉及心理学、教育学、管理学等多个学科的综合性学科，因此高校在确定素质拓展训练课程的教学模式时，应打破各学科之间的壁垒和边界，采用多元化的组合模式，构建常态化、专业化的大学生素质拓展训练机制，形成具有本校特色的素质拓展训练教学模式。

从素质拓展训练的特征、功能和高校实际的教学情况上来看，素质拓展训练课程的教学模式一般主要包括与心理健康教育相结合的教学模式、与职业规划与就业指导相结合的教学模式、与高校普通体育课程相结合的教学模式、以体育选修课形式设置的教学模式、与高校专业课程相结合的教学模式等模式。

一、与心理健康教育相结合的教学模式

素质拓展训练与心理健康教育相结合的教学模式旨在提升学生的身心素质，为他们提供一个全方位的个人发展平台。将素质拓展训练与心理健康教育相结合，不仅能够提高学生的身心素质，还能够帮助他们在未来的生活和职业中更好地应对各种挑战，成为一个更加全面、独立和有韧性的人。

在高校的教学活动中，将心理健康教育与素质拓展训练相融合，心理健康教育不再仅局限于理论知识的传授，而是可以在实际的拓展活动中深入到学生的学习和生活之中，实现理论与实践相结合。素质拓展训练不仅能够改善学生的心理健康状况，而且能提升他们的个性品质，增进人与人之间的沟通与交流，进而强化其社会适应能力。素质拓展训练与心理健康教育相结合的教学模式，对于促进大学生身心健康发展有着较为显著的积极作用，高校在开展素质拓展训练课程时，可以尝试将其与心理健康教育相结合，帮助学生在未来的生活和职业中更好地应对各种挑战，成为独立、自信和具备高素质的人才。

（一）素质拓展训练对心理健康教育的意义

素质拓展训练作为一种注重个体全面发展的教学方式，与心理健康教育有着天然的契合。高校素质拓展训练课程不仅有助于促进大学生的身心健康发展，还有助于心理健康理论知识在实际生活中应用，为大学生心理干预提供直观的场景，为他们的成长打下坚实的心理基础。

1. 有助于促进大学生身心的健康发展

素质拓展训练中的多种活动，如团队合作、角色扮演和挑战性任务等，都能让参与者在完成任务的同时，深入了解自己的内心世界和潜在能力。例如，通过团队合作的项目，学生不仅学会了与他人沟通和协作，更重要的是，他们体验到了集体的力量，明白了团结合作的重要性。这不仅增强了他们的社交技能，还让他们在面对人际关系中的冲突时，拥有更加成熟的应对策略。此外，挑战性任务能让学生直面自己的恐惧。成功地完成这些任务不仅能够增强他们的自信心，还能让他们明白：只要付出努力，没有什么是不可能的。这种积极的心态有利于他们在未来职业生涯中的发展。通过素质拓展训练，学生还能够更好地认识到自己的情感和情绪。大学可以说是学生步入社会前的准备阶段，这一阶段的学生容易感到焦虑和迷茫，而素质拓展训练正好为他们提供了一个平台，通过实际的体验，他们可以找到自己的价值和方向。

2. 有助于实现心理健康理论知识生活中的实际生活中的应用

素质拓展训练对于高校学生而言，不仅是一次体验挑战和锻炼身体的机会，更是将心理健康理论知识转化为实际行动的桥梁。在这一过程中，学生能够将所学的心理健康知识运用到实践中，进而真正体验到理论与实际结合的重要性。在素质拓展训练的活动中，学生往往面临各种挑战，需要运用沟通、协作、自我调节等心理技巧来应对。这些技巧并不仅是空泛的理论，而是他们在心理健康课程中所学到的具有实用性的内容。通过实际应用，学生更容易理解和掌握这些知识，并感受到自己在心理健康方面的成长和进步。此外，素质拓展训练的环境通常与日常的学习生活环境有所不同，其为学生提供了一个新的、充满挑战的场景。在这种环境中，学生更容易卸下心理防线，真实地展现自己，从而为心理健康教育提供了宝贵的、真实的案例。教师可以据此给予学生更为针对性的指导和帮助。

3. 有助于为大学生心理干预提供直观的场景

素质拓展训练常常设计一系列的任务和挑战，让学生可以在具体的、真实的环境中展现自己。这些活动不仅考验学生的体能，更在某种程度上，触及其心理层面，如情绪控制、团队协作、压力应对等。这可以为心理健康工作者提供一个观察和分析学生心理状态的窗口。当学生在这些场景中遭遇困难或产生情绪波动时，他们的行为和反应都成为心理干预的重要参考。与传统的心理咨询不同，这种场景下学生的反应更为真实，不受诸如自我报告、偏见等因素的干扰。例如，一个学生在面对挑战时的逃避心理或不稳定的情绪可能揭示了其深层次的心理问题，如自卑、焦虑或沟通障碍等。这种直观的场景不仅帮助教师识别学生存在的心理问题，还为其提供实地干预的机会。在活动现场，教师可以立即对学生进行心理支持和引导，帮助他们调整情绪，理清思路，面对困境。这种及时的反馈和支持，对于学生的心理健康和个人成长都具有积极的促进作用。同时，这种直观场景也可以为后续的心理干预提供必要的材料。教师可以与学生回顾活动中的经历，深入探讨其背后的心理因素，进一步进行专业的心理咨询和治疗。

（二）与心理健康教育相结合教学模式的优势

素质拓展训练与心理健康教育相结合的教学模式，凭借其独特的教育策略和手段，能够有效地促进学生的全面发展，特别是在心理健康方面，其可以为学生提供一个真实、有益的学习和成长环境。

具体来看，与心理健康教育相结合的教学模式具有以下几点优势。

1. 目标融合

在教育过程中，目标的设定与追求始终是推动学生进步的核心动力。素质拓展训练关注学生的身体素质与团队协作能力的培养，而心理健康教育则致力于培养学生健康的心理状态和应对生活压力的能力。当这两者合二为一时，其教育目标呈现出融合的特点。

这种目标融合不仅可以使得教育的内容更加丰富，而且还能够确保学生在多个层面上都得到均衡发展。这意味着在学生参与各种拓展活动的同时，他们也能够在心理层面获得充分的支持与指导。此外，目标融合还有助于避免教育的片面性，因为教师不再是单纯地追求某一个方面的成果，而是注重学生整体的、全面的发展。从某种意义上看，目标融合还有助于提高教育的效率，因为当教育的目标更加明确、具体时，教师可以更加有针对性地进行教学设计和活动安排，学生也能够更加清晰地知道他们需要达到的目标是什么，从而更有动力参与到学习中去。

2. 方法互补

素质拓展训练通常涉及团队合作、问题解决和挑战性任务，这些活动有助于培养学生的沟通、协作和领导能力。而心理健康教育则强调情感调控、自我认知和应对压力的技巧。这两种教学方法相互补充，有助于形成一个完整的培训体系，让学生既有行动，又有内心的反思。

素质拓展训练，更侧重外在的技能锻炼和能力培养。通过团队合作，学生可以从中学习到如何有效地与他人沟通，如何在团队中找到自己的位置并发挥自己的长处。问题解决和挑战性任务能够锻炼学生的应变能力和决策力，使他们在实践中培养出对问题的敏感度和解决问题的策略。这一切，都为学生的未来社会生活打下了坚实的基础。而心理健康教育，则更为关注内心的世界。它帮助学生学会认识自己，学会如何调控自己的情感。以及如何在面对压力时采取恰当的策略。这些知识和技能不仅对学生的学习生活有益，对他们的整个人生也具有深远的意义。它教会学生从内心深处去了解、接受和爱护自己，使他们在面对生活的各种挑战时都能保持冷静和自信。因此，当这两种教学方法结合起来时，学生不仅能在外部环境中展现出卓越的技能和能力，还能在内心深处建立起坚实的精神支柱。这种方法的互补，使得学生在行动上更为自信，在思考上更为深入。

3. 互动性增强

通过引入心理健康的元素，素质拓展训练变得更为深入和具有启发性。例如，在完成一个团队任务后，教师可以组织一个反思和分享的环节，让学生分享他们在任务中的情感体验和心理变化，从而深化他们的心理健康意识。

在传统的素质拓展训练中，学生往往会遇到各种挑战和问题，而这些挑战除了需要技能和策略去应对，还需要个体具备一定的心理承受和情感处理能力。引入心理健康的元素，可以为学生提供一个全新的维度去思考和体验这些挑战。这不仅让学生关注到自己在经历每一次挑战后的情感和心理动态，还能使他们更为深入地了解自己，更好地应对生活中的各种难题。例如，在完成一个特定的团队任务后，分享环节不再仅仅是对任务结果的评价，而是结合心理健康教育的理念，进行情感和心理的反思。这样的分享环节不仅能帮助学生回顾自己在任务执行过程中的心理变化，也能让团队成员之间建立更为深厚的情感连接，增强彼此的理解和信任。此外，教师在这一过程中，也能够及时捕捉到学生可能存在的心理健康问题，并为之提供适当的指导和帮助。

4. 效果持续性

与传统的教学模式相比，将素质拓展训练和心理健康教育结合起来可以为学生提供一个更为持久的学习效果。学生不仅能够在活动中学到知识和技能，还能够对自己的情感和心理有更深入的了解，从而在日常生活中更好地运用所学。

效果持续性是衡量一个教育模式好坏的重要指标之一，素质拓展训练与心理健康教育相结合的教学模式，具有较好的效果持续性。运用这种教学模式，学生不仅能在课堂上学到知识和技能，而且会对自己的内心世界有更为深入的探索。这种深入的自我了解和自我探索，使得学生能够更加主动地运用所学知识和技能去应对生活中的各种问题。例如，面对挑战和压力时，他们不仅知道如何与他人协作解决问题，还知道如何调整自己的心态，保持冷静和乐观。更值得一提的是，这种教育模式所带来的效果，并不仅仅局限于学习阶段。随着时间的推移，学生所学到的知识和技能，会越来越多地融入他们的日常生活中，帮助他们更好地应对工作、家庭和人际关系中的种种挑战。这种效果的持续性，无疑为学生提供了一种更为持久的学习体验。

（三）与心理健康教育相结合教学模式的构建策略

在当前教育背景下，为更好地培养学生的综合素质和心理健康，高校逐渐认识到素质拓展训练与心理健康教育的紧密结合是培养高素质人才的关键。为实现这一目标，教育者需要采取一系列策略，确保教学模式的有效性和针对性。其中，创设良好的素质拓展环境是基础，它可以为心理健康教育的实施提供必要的硬件和软件保障。此外，变革传统的授课形式，将理论授课与实践拓展有机结合，可以更好地满足学生的学习需求和兴趣。而针对不同学生的特点和需求，开展有针对性的素质拓展训练则是确保教学质量和效果的核心。通过以上策略，高校可以更好地为学生提供一种全面、深入、有效的学习体验，从而培养出更加全面和健康的人才。

1. 创设良好的素质拓展环境

为构建素质拓展训练与心理健康教育相结合的教学模式，高校需要创设良好的素质拓展环境。素质拓展训练不能仅仅停留在理论层面，它需要得到实际场地的支撑。无论是室内还是室外，素质拓展训练的选址都应基于学校的实际条件，同时确保训练环境的安全性和实用性。高校可以充分利用学校的资源，如心理咨询中心、体育场馆以及其他公共空间，为训练项目配备相应的器材。考虑到训练的挑战性，场地的维护和器材的定期检查维修不容忽视，以上这些都是为了确保学生的安全参与。除此之外，一个温馨且舒适的学习环境对心理健康教育的推进同样具有重要意义。从整体的校园风貌到具体的教室和宿舍设置，高校都应让学生感受到宁静与和谐，激发他们的学习热情和好奇心。

为创设良好的素质拓展环境，教师也应该与学生建立真挚的沟通，对于遇到困难的学生提供耐心的指导与帮助。此外，组织一系列的知识和技能竞赛以及相关的素质拓展活动，能进一步加强学生的学习兴趣和自信，为他们创造更多突破自我的机会。

2. 变革传统的授课形式

素质拓展训练，是一种体验式的教学。在学生的心理健康教育中融入素质拓展训练，有助于促进学生的心理发展。传统的心理健康教育，多依赖于理论授课，围绕教材，将心理知识呈现给学生，以期帮助他们形成健康的心理观念。在这种模式下，教师常常是教学的核心，而学生则是被动的接受者。为更好地促进学生的心理健康，现代教学观念倡导理论联系实际，让学生在掌握基础知识的同时，学会如何运用这些知识。这可以通过将理论分解为各种模块，然后设计各种主题的素质拓展训练活动来实现。例如，可以利用游戏来引导学生参与，让他们在活动中对心理学理论进行体验和升华。这种理论与实践相结合的方式，能够确保学生在学习过程中的热情不断上升。

这种改变不仅仅是教学方法的转变，更是一种学习文化的变革。在这样的环境中，学生通过亲身参与、体验、感受和分享，对所学内容的满意度和吸收程度都会大大增加。对于教师而言，教学效果也会随之提高。最终，这种教学模式能让学生将心理学的理论知识真正转化为实践的经验和技巧，进而培养出良好的心理素质，提升心理健康教育的实效性。

3. 开展有针对性的素质拓展训练

高校面对的学生群体是多样化的，他们拥有不同的背景、经验和兴趣，因此，开展有针对性的素质拓展训练就需要深入了解学生的实际情况。高校可以通过调查、问卷、讨论和反馈等方式，了解学生在心理和素质拓展方面的具体需求。了解了这些信息后，教育者可以根据学生的需求设计相应的训练内容，使之更为贴合学生的实际情况。此外，为了确保训练的有效性，高校还可以引入各种创新方法和手段，如情景模拟、角色扮演、团队挑战等，以促使学生在实际操作中体验、学习和成长。

构建素质拓展训练与心理健康教育相结合的教学模式时，高校还应该考虑大学生在不同阶段的心理发展需求。大学生在入学、适应学习生活、准备毕业和面对未来等不同阶段，都会遇到不同的挑战和困惑。因此，高校可以根据这些特点，开展与之相匹配的拓展训练方案。例如，在新生入学时，高校可以重点开展团队建设和适应学习环境的训练；在学业中期，高校可以加强学术技能和职业规划的指导；而在即将毕业的时候，高校则可以着重于职业技能和心理调适的培训。通过这种有针对性的设计，高校可以确保学生在不同阶段都获得适当的支持和指导，更好地应对各种挑战。

二、与就业指导课程相结合的教学模式

随着社会的不断发展，高校教育不仅要注重专业知识的传授，还需深化学生的综合素质培训，帮助他们更好地适应职场和社会的挑战。在这一背景下，素质拓展训练与就业指导课程相结合的教学模式应运而生。此模式聚焦于为学生构建一个全面、互动和真实的学习环境，旨在培养他们的实践技能，提高就业竞争力，同时强化其心理素质和职业规划意识。通过综合应用理论知识和实践活动，该教学模式旨在确保学生在离校时不仅拥有扎实的专业基础，而且具备面对职业生涯挑战的自信和能力。

（一）与就业指导课程相结合的意义

素质拓展训练与就业指导课程相结合的教学模式，不仅可以提升学生的就业竞争力，帮助他们在求职过程中脱颖而出，还能加强学生的就业心理建设，使他们面对就业压力时更加冷静和理性。通过这种教学模式，学生还可以培养出强大的社会适应能力，使他们在步入社会后能够迅速适应并融入职场。

1. 有助于提升学生的就业竞争力

素质拓展训练与就业指导课程相结合的教学模式，强调实践与体验，让学生在模拟或真实的工作环境中了解、体验和应对各种职场情境。通过这样的训练，学生不仅能够掌握一些实用的工作技能，而且能在实践中培养出批判性思维、团队合作和解决问题的能力。这些能力是单纯的课堂教学难以培养的，也是现代职场中不可或缺的。与此同时，就业指导课程可以为学生提供一个系统性的了解职场的机会。这种指导不仅帮助学生了解职业规划、简历撰写、面试技巧等基本知识，还能帮助他们理解和评估自己的兴趣、能力和价值观，从而更加明确自己的职业方向和目标。

因此，素质拓展训练与就业指导课程相结合的教学模式不仅能够培养学生的专业能力，还能帮助他们建立正确的职业观念和态度，从而全面提升他们的就业竞争力。在这样的教育模式下，学生不仅能更好地适应职场的需求，而且能在职业发展的道路上走得更稳更远。

2. 有助于加强学生的就业心理建设

面对现今复杂多变的就业市场，学生在求职过程中不仅需要拥有足够的技能和知识储备，更需要具备健全的心理建设，以应对各种职场挑战和变故。正是基于这一点，将素质拓展训练与就业指导课程相结合，从而加强学生的就业心理建设，具有深远的意义。

在进入职场之初，许多学生可能会面临一系列的困惑和挑战：自己是否选择了合适的工作？这份工作能否满足自己的职业规划和发展需求？在遭遇工作上的困难和挑战时，自己应如何应对？这些疑问和困境需要学生具备强大的心理素质来面对和解决。

素质拓展训练与就业指导课程相结合的教学模式，为学生提供了一个深入了解和思考自己职业生涯的平台。通过实际的训练和模拟，学生能够对职场的实际情况有一个直观的认识，从而帮助他们正确地认知自己的职业兴趣、价值观和职业目标。这种认知不仅可以增强学生的自信，还能帮助他们更加明确自己在职场中的定位。更为重要的是，这种教学模式能够为学生提供一个学习和实践心理调适技巧的机会。例如，如何应对职场中的压力和挑战，如何与同事和上司建立良好的关系，以及如何调整自己的心态来面对职业发展中的起起落落。这些心理调适技巧在学生步入职场后，将为他们带来巨大的帮助。

3. 有助于培养学生的社会适应能力

社会适应能力是指个体在面对社会角色转变时能迅速适应并扮演好新角色的能力。通过结合素质拓展训练和就业指导，学生能够更早地了解和体验即将面临的社会角色，为未来的工作和生活打下坚实的基础。

当学生步入社会、进入职场，他们将面临各种不确定性，如职业转换、组织变革或文化差异。这时，社会适应能力将成为他们赖以生存和发展的核心竞争力。而在素质拓展训练与就业指导相结合的教学模式中，学生可以通过各种模拟实践活动，体验不同的社会角色和场景，从而更加真实地感受社会的多样性和复杂性。这种实践体验可以帮助学生深入了解社会，培养他们的观察和分析能力，使他们更加敏锐地捕捉到社会的变化，并及时做出相应的调整。此外，就业指导课程可以帮助学生系统地认识和了解职场环境，包括职业规划、职业伦理、组织行为和人际交往等方面的内容。这样，学生可以更早地为自己的职业生涯做准备，培养出积极的职业态度和职业习惯。在素质拓展训练与就业指导相结合的教学模式中，学生可以更好地建立起自己的社会角色认知，明确自己的职业方向和目标，培养出对社会的敏感性和适应性。

（二）与就业指导课程相结合教学模式的特点

一般来看，素质拓展训练与就业指导课程相结合的教学模式，具有以下特点（图 3-4）。

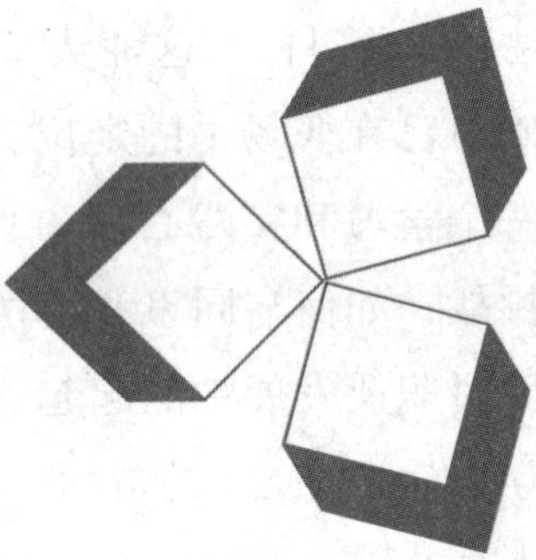

图 3-4　与就业指导课程相结合教学模式的特点

1. 与职场紧密联系

素质拓展训练与就业指导课程相结合的教学模式，具有与职场紧密联系的特点。在这种模式下，教学内容不再仅仅是理论和书本知识的灌输，而是以实际的职场为背景，结合真实的工作场景来设计课程内容和教学方法。这使得学生在学习的过程中，能够更好地理解和掌握所学的知识，并能够将其应用到真实的工作环境中。这种实际应用的过程不仅有助于加强学生对知识的掌握，还有助于培养他们的实际操作和解决问题的能力。此外，这种教学模式，可以为学生提供模拟真实工作环境的机会，使他们能够提前感受到职场的氛围和工作节奏。这种早期的职业体验有助于学生对自己的职业定位和发展方向产生更为清晰的认知，从而为他们未来的职业生涯打下坚实的基础。而对于企业和用人单位来说，这种与职场紧密联系的教学模式也为他们提供了一个观察和选拔人才的平台。学生在课程中所展现出的能力和素质，可以为用人单位提供一个初步的评价和筛选标准，这对于双方来说都是双赢。

2. 强调学生的主体性

素质拓展训练与就业指导课程相结合的教学模式，在设计与执行中还具有学生主体性的特点。该模式鼓励学生积极参与，挑战自己。学生不再是被动的接受者，而是主动的参与者和创造者。在这种模式下，学生不再是单纯地听课、记笔记的对象。相反，他们在课程中的角色更接近于真实职场中的工作者。通过真实的场景模拟和任务导向的学习方式，学生被鼓励主动参与，探索和解决问题，这大大提高了他们的实践能力和创新思维。在素质拓展训练中，学生主体性的特点尤为明显。他们在多种活动中，如团队合作、沟通技巧和领导力培训中，都需要展现出高度的自主性和创新性。这种训练方式不仅有助于培养学生的个人能力，还有助于锻炼他们的团队协作能力，这在未来的职业生涯中都是至关重要的。此外，在这种教学模式下，学生必须学会自我管理，确定自己的学习目标，并积极寻找实现这些目标的方法和资源。这种自主的学习态度和方法，可以为学生的终身学习和持续发展打下坚实的基础。

3. 实践与理论并重

在传统的教育模式中，理论学习往往被看作是基础，而实践则是其补充或延伸。但在这一结合模式中，实践与理论两者都被赋予了同等的重要性。理论提供了学生对于各种职业和工作环境的深入理解，为他们解锁了职业世界的种种可能性。而实践则让学生将所学知识和技能应用于真实的工作场景中，从中积累经验，磨炼技能。

素质拓展训练是实践与理论并重特点的鲜明体现。在这种训练中，学生不仅要了解团队合作、沟通技巧和领导力等理论知识，更要通过各种模拟活动、工作坊和实地实习来体验和运用这些知识。这种“动手做”的经验对于学生来说，是极其宝贵的，它让学生在学习过程中更为投入，也使他们更容易理解和掌握复杂的理论概念。就业指导课程则可以为学生提供一个桥梁，连接了学术理论与职业实践。在这个过程中，学生可以深入探索自己的兴趣和激情，了解不同的职业路径和要求，并基于这些知识进行职业规划。与此同时，通过实习、模拟面试和职业咨询等实践活动，学生可以将所学与真实的工作环境相结合，为未来的职业生涯做好充分的准备。

这种实践与理论并重的模式不仅培养了学生的知识和技能，还锻炼了他们的创新思维和批判性思考能力。它鼓励学生从多个角度看待问题，既重视理论知识，也强调实践经验的价值，为学生在复杂多变的职场中取得成功提供强有力的支撑。

（三）与就业指导课程相结合教学模式的构建策略

为构建素质拓展训练与就业指导课程相结合的教学模式，促进学生获得更好的发展，高校需要从以下几个方面入手。

1. 围绕就业指导课的教学目标设计素质拓展训练的实践项目

为构建与就业指导课程相结合的教学模式，教育者应围绕就业指导课的教学目标，设计素质拓展训练的实践项目。具体而言，设计素质拓展训练的实践项目应该以就业指导课的教学目标为基础。例如，如果教学目标之一是帮助学生明确自己的职业兴趣和方向，那么在素质拓展训练中，可以设计一些职业探索和体验的项目。这样的项目可以让学生亲身体验不同的职业角色，从而更加明确自己的兴趣和方向。此外，与企业和行业组织的合作也是设计素质拓展训练的实践项目的关键。通过与企业的合作，学生可以参与到实际的工作中，体验真实的职场环境，了解各个职业的实际工作内容和要求。这样的合作不仅能够让学生更加深入地了解职业市场，还能够为他们提供更多的实践机会，帮助他们更好地提高自己。

2. 结合专业特点完善素质拓展训练的教学过程，突出专业特色

在当前的高等教育环境中，高校所面临的就业市场是高度分化和细分的，不同的专业学生在毕业后面对的就业形势、需求和预期各不相同。因此，为构建与就业指导课程相结合的教学模式，仅依靠通用的素质拓展训练是远远不够的，高校必须结合专业特点，完善素质拓展训练的教学过程，确保教学内容的针对性和实效性。

高校在设计素质拓展训练的课程和活动时，必须深入了解每个专业的特性、学生的需求和未来的职业路径。例如，对于医学专业的学生，他们的就业指导不仅应该包括如何在医院找到工作，还应该教授他们如何与病人沟通、如何处理医患关系等专业相关的素质拓展训练。同样地，对于艺术与设计类的学生，他们的素质拓展训练不应该局限于如何制作简历和参加面试，还应该教授他们如何展示自己的作品、如何与客户沟通设计理念等。这些都是针对专业特点设计的素质拓展训练内容，可以帮助学生更好地应对未来的职业挑战。而要做到这一点，高校首先需要有一个深入了解各个专业特点和就业市场需求的团队。这个团队可以由学院的老师、行业的专家和校外的合作伙伴组成，他们共同参与素质拓展训练的课程设计，确保课程内容既有理论性，又有实践性。此外，高校还可以通过与企业、行业协会和其他社会组织的合作，为学生提供更多的实践机会。这样的合作不仅能够为学生提供更真实的工作经验，还能够帮助他们更好地了解职业市场的实际需求，从而为他们的未来职业生涯做好更充分的准备。

3. 结合就业指导的性质，提升素质拓展训练的教学手段

为了确保素质拓展训练与就业指导课程的有效结合，高校需要从教学团队的构建、课程内容的设计以及教学活动的开展等多个方面进行综合考虑和优化，确保学生能够在这一过程中获得真正的成长和提升。

高校需要精选一批素质拓展课程的优秀教师，并组建稳定的教学团队，确保教学过程中能够坚持质量，维护标准，为学生提供连贯、系统

的学习经验。这样的团队构成不仅能够确保教学的连续性和稳定性，还可以通过团队间的互补和协作，形成更加丰富多元的教学内容和方式。而在教学内容的设计上，高校可以聘请素质拓展领域的专家和实践精英来分享他们的经验和见解。他们不仅可以为学生带来前沿的专业知识和真实的实践经验，还能够帮助学生建立与未来职业发展相关的知识体系和技能框架。

另外，为了进一步激发学生的学习热情和自信心，高校还可以制定一系列专题的素质拓展教育活动，并围绕这些活动举办相关的竞赛。这些竞赛不仅可以让学生在实践中检验自己的学习成果，还能够为他们提供一个展示自己才华的平台，增强他们的成就感和自信心。

三、与高校体育课程相结合的教学模式

在高校体育课程中融入素质拓展训练是贯彻“健康第一”教育理念的需要，是素质教育的必然要求，是对传统体育课程的有益补充，能够在一定程度上推动体育课程体系的改革。从长远上看，素质拓展训练与高校体育课程相结合的教学模式，还对于推动社会发展具有良好的促进作用。

（一）素质拓展训练与高校体育课程相结合的意义

1. 有助于丰富体育教学内容

在高校体育课程中融入素质拓展训练是对传统体育教学的一种创新和补充。传统的体育课程可能主要围绕某些特定的体育项目或技能，如篮球、排球、田径等对学生进行训练，而忽视了对学生整体素质的培养。而素质拓展训练不仅注重身体素质的培养，还着眼于团队协作、沟通技巧、领导能力等非物质方面的培养。素质拓展训练与高校体育课程相结合，能够丰富体育教学的内容，使之不再局限于单一的体育技能或规则的学习。例如，通过团队合作的挑战活动，学生不仅需要运用他们在体

育课上学到的技能，还需要与队友沟通、制定策略和共同解决问题。这样的活动让学生在锻炼身体的同时，还能够锻炼他们的思维和情感。此外，素质拓展训练中往往涉及一些非常规的运动项目，如攀岩、定向越野等，这些项目既有趣又具有挑战性，可以吸引更多学生的参与。而这些项目在传统的体育课程中很少涉及，所以融入素质拓展训练有助于打破体育教学的单一性，增加学生的学习兴趣。从教学方法上看，素质拓展训练注重实践和体验，这与体育教学的实践性质非常契合。学生可以在真实的环境中，通过完成各种挑战任务，体验成功和失败，从而更好地理解和掌握体育技能和策略。

2. 有利于培养学生的综合素质

体育课程本身重视身体协调性、力量、速度、耐力等基本能力的培训，而素质拓展训练注重的是团队合作、沟通技巧、决策能力、领导力等。结合两者，学生不仅能在体育活动中提高自己的身体素质，还能在面对各种团队挑战和任务时，锻炼他们的心智素质和社交能力。例如，一个常见的素质拓展项目——团队绳索课程，要求学生共同完成一系列高度协同的任务，这既考验了学生的身体素质，如平衡、力量和协调性，又考验了他们的团队协作和沟通能力。在这样的活动中，学生不仅需要依赖自己的身体力量，还需要相互信任和支持，共同面对困难和挑战。此外，素质拓展训练往往有一些情景模拟或角色扮演的环节，如危机应对、团队建设等。在这些环节中，学生需要运用自己的知识和经验，进行决策、协调和领导，这不仅锻炼了他们的心智能力，也培养了他们的责任感和领导力。

从更广泛的视角看，当学生走出校园，步入社会，他们所面临的很多挑战都需要综合素质来应对。而在体育课程中融入的素质拓展训练，正好为学生提供了一个实践和体验的机会，帮助他们更好地培养和提高这些综合素质，为将来的职业生涯和社会生活做好充分准备。

3. 有助于促进教育体制改革

在现代社会，教育不仅仅是传授知识，更是培养学生全面发展、适应社会的重要途径。高校体育课程中融入素质拓展训练，正是高等教育体制改革对于培养学生综合素质和能力的一种有益尝试。

长期以来，高校教育往往过于强调学科知识的传授，而忽略了学生身体、情感、社交等多方面的发展。这种偏重学术的教育模式，在一定程度上，已经难以满足现代社会对于人才的全面需求。融入素质拓展训练的体育课程，恰好可以弥补这一缺陷。它不仅有助于加强学生的体能锻炼，还有助于培养学生的团队合作、领导能力、解决问题的能力等非智力因素。更进一步地说，这种融合教学模式也鼓励高校对教育模式进行自我反思和创新。在过去，体育课程往往被视为是"附属"的，与主流学科相对独立。但现在，通过与素质拓展训练的结合，体育课程变得更具实际意义和教育价值，从而提高了其在整体教育体系中的地位。这也为更多的课程提供了一个与时俱进，适应现代教育需求的范例。

（二）与高校体育课程相结合教学模式的优势

在素质拓展训练课程中，通过体育活动和体能锻炼，学生可以提升自身的身体素质和心理素质。在高校体育课程中融入素质拓展训练，教师需要将学生放在中心位置，充分调动他们的积极性，引导他们深度参与并真正投入到拓展训练当中，锻炼学生坚韧的心理品质，增强他们面对困难时的应变与抗压能力。因此，这种教学模式对教师也提出了更高的要求，教师不仅要具备丰富的专业体育知识，还应掌握素质拓展训练的教学方法，不断提高专业素养与教育教学水平。

1. 促进教师的专业成长

对于教师而言，与高校体育课程相结合的教学模式需要他们不断地更新知识和技能，尝试新的教学方法，这有助于提高教师的教学质量和水平。一方面，与高校体育课程相结合的教学模式，要求教师具有更高的教学灵活性和应变能力。当面对不同背景、兴趣和体质的学生时，教师需要调整他们的教学方法，以满足每个学生的个性化需求。这不仅可以提高学生的学习效果，还可以提高教师的教学质量和满意度。另一方面，融合了素质拓展训练的体育课程往往更加注重实践和体验，这就要求教师不断地更新和完善他们的教学方法和内容。这不仅可以提高学生的学习兴趣和参与度，还可以激发教师的教学热情和创新意识。同时，与其他学科、企业或社区的合作为教师提供了一个很好的学习和交流的平台。教师可以借此机会了解最新的教育理念、方法和技术，也可以与其他领域的专家进行深入的交流和合作，进一步拓展他们的知识和视野。

2. 培养创新精神和能力

在现代社会，创新精神和能力被普遍认为是培养学生应对未来挑战的核心能力。融入素质拓展训练的高校体育课程，有助于培养学生的创新精神和能力。体育课程的核心是锻炼学生的身体，而素质拓展训练则着重于挑战和拓展学生的心智。在这种教学模式中，学生需要面对各种非常规的挑战和任务，如团队合作、策略制定或解决复杂问题。这要求学生跳出舒适区，进行批判性思考，积极寻找和尝试新的方法和策略。同时，素质拓展训练往往鼓励学生主动参与和表达，充分调动他们的创意和想象力。在完成各种任务和挑战中，学生有机会实践他们的创新思路和方法，从而增强他们的自信心和自主性。此外，与传统的体育教学相比，素质拓展训练更加注重过程而非结果。这意味着学生不必担心失败或错误，他们可以自由地尝试和探索，培养勇于创新、不怕失败的精神。

因此，素质拓展训练与高校体育课程相结合的教育模式，可以为学生提供一个全新的、创新性的学习平台。在这里，学生可以释放自己的潜能，为未来的生活和工作做好充分的准备。

3. 加强与社会的联系

体育课程本身已经具有一定的社会性，而素质拓展训练进一步放大了这种社会性。例如，通过与企业、社区和其他机构的合作，学校可以为学生提供更多实地体验的机会。这种实地体验不仅限于传统的体育锻炼，还可能涉及团队合作、项目管理、社交沟通等多种能力的培养。此外，与社会机构的合作也可以为学校带来更多的资源和支持。许多企业和社区愿意赞助或提供场地、设备和专家，来帮助学校进行素质拓展训练。这种合作模式不仅可以降低学校的成本，而且能够丰富课程的内容和形式。

（三）与高校体育课程相结合教学模式的构建策略

要真正实现体育教育的目标，不仅要提高学生的体育技能和身体素质，更要注重培养学生的综合素质和创新能力。为此，高校体育课程必须进行深入的改革和创新。

1. 完善基础教学设施

为了更好地融入素质拓展训练的体育课程，高校需要从多方面对基础教学设施进行完善和升级，以满足新的教学需求，同时也为学生提供更为丰富和多元的学习体验。体育课程的本质不仅仅是提供一个锻炼身体的场所，它还应该是一个培养学生各种技能和素质的综合平台。而素质拓展训练更强调了团队合作、挑战自我、实际操作等多方面的能力。因此，传统的体育场地和设备可能无法满足新的教学需求。例如，为了增强学生的团队协作能力，学校可以考虑建设更多的团队体育项目设施，如沙滩排球场、篮球场或足球场等。这些设施不仅可以供学生进行常规的体育锻炼，还可以在特定的时间组织团队合作的素质拓展训练。

为了培养学生的挑战意识和自我超越的能力，学校还可以考虑引入一些非传统的体育项目，如攀岩、高空跳伞或野外生存训练等。这些项目所需的设施和器材与传统的体育课程有所不同，因此在建设时需要进行专门的设计和配置。更为重要的是，学校应该将教学设施与当地的自然和社会环境相结合。例如，可以考虑利用学校周边的山脉、河流、森林等自然资源，为学生提供更多的户外实践机会。同时，与当地的企业和机构合作，利用其设施和资源，为学生提供更多的实地体验。

2. 组建专业师资队伍

在高校体育课程中融入素质拓展训练，必须要组建一支专业化的师资队伍。专业的师资队伍不仅能为学生提供高质量的教学，还能确保学生在参与体育活动和素质拓展训练时的安全。

为此，高校首要的任务是对现有教师进行评估，识别他们的专业背景和经验。针对体育课程和素质拓展训练的特性，对教师进行定向的培训，确保他们掌握相关的教学方法和技巧。同时，高校也要注重引进具备体育或心理背景的外部专家，这些人员可能是前体育教练、职业运动员或心理咨询师，他们的实践经验将会为素质拓展训练课程带来新的活力。此外，高校还可与其他高等教育机构和专业机构建立合作关系，开展教师交流与合作项目。这种合作不仅能够提供新的教育资源和方法，也能为教师提供一个扩展自己教育视野的平台。高校也要注重教师的长期发展和职业规划，鼓励他们参加各类专业培训和研讨会，这样既能提高他们的教学水平，又能满足他们的个人发展需求。

3. 优化课程管理体系

在高校中，体育课程并非单纯的体能锻炼，而是培养学生的团队合作、领导能力、决策能力和心理素质的主要途径之一。而素质拓展训练正好能够为这些目标提供有力的支撑。当高校决定将素质拓展训练与体育课程结合时，这无疑意味着要对原有的课程结构、教学目标、评估方式等进行一定的调整，使之与新的教学内容和目标相适应。为此，优化课程管理体系不仅是必要的，也是至关重要的。

一个合理、高效的课程管理体系能确保素质拓展训练与体育课程的有机结合，并使其达到预期的教学效果。同时，这种结合方式要求课程管理体系具有更高的灵活性，以适应教学内容的多样性和变化性。例如，传统的体育课程可能更注重技能训练，而素质拓展训练则可能涉及更多的团队活动和心理训练。如何确保这两者之间的平衡，如何在保证学生体能锻炼的同时培养其他能力，都是设置课程管理体系时教师需要考虑的问题。此外，优化课程管理体系还可以更好地调动各方资源，包括教师、设备、场地等，确保每一项活动都能得到充分的支持，从而更好地实现教学目标。简而言之，为了确保素质拓展训练与高校体育课程真正实现有效结合，教师需要一个能够支持这种结合的课程管理体系，该体系不仅可以确保教学资源得到合理分配，还能确保教学内容与教学目标的高度一致，从而最大化教学效果。

课程管理体系的核心是确保课程内容、教学方法和评估手段之间的高度协调。为此，高校应调查当前的体育课程内容，识别其中与素质拓展训练相关的部分，然后进行相应的调整或补充，确保它们与新模式的要求相符。同时，为了确保新的教学内容能够得到有效实施，高校应对教学方法进行重新设计，例如，引入更多的团队合作活动、挑战性任务或情景模拟等。评估手段也是优化的关键部分。传统的体育课程评估可能主要侧重于技能掌握程度，而在新模式下，评估应更多地考虑学生的团队合作、领导能力、决策能力和心理素质等。这可能需要高校开发新的评估工具和方法，或对现有的评估方式进行调整。与此同时，为了支持新模式，高校还应确保课程管理体系具有足够的灵活性，能够适应可能的变化和不确定性。这可能需要引入更加开放和动态的管理方式，如定期的反馈循环和持续改进机制。

4. 确定素质拓展项目

为构建素质拓展训练与高校体育课程相结合的教学模式，高校需要确定素质拓展项目。一般来看，可应用于高校体育课程中的素质拓展项目主要包括以下几种。

（1）挑战型训练。挑战型训练是通过设计和提供一系列具有挑战性的任务或活动，旨在帮助参与者发展特定的技能、知识和态度的训练。这种训练方法强调实际经验和参与，而不仅仅是传统的教学和学习方法。

在挑战型训练中，参与者通常会面对一系列实际问题或挑战，他们需要运用所学的知识和技能来解决这些问题。在高校体育课程中，挑战型训练具有独特的教育价值。这种训练方法鼓励学生走出舒适区，面对并克服各种难关。在这一过程中，学生的团队协作能力得到了锻炼，因为他们必须学会与团队成员沟通，共同制定策略，协同解决问题。此外，学生的领导能力也得到了提高，当团队中出现困难或分歧时，需要有人站出来引导大家，提供方向和动力。挑战型训练还能有效提升学生的适应能力。面对不同的挑战，学生需要快速适应不断变化的环境，找到最佳的解决方案。这种训练方式也有助于培养学生的心理承受能力。面对高强度的挑战，学生学会了如何保持冷静，如何在压力下做出决策以及如何处理失败并从中吸取教训。而这种心理承受能力对于他们未来的人生和职业生涯都是至关重要的。此外，挑战型训练往往要求学生展示出高于日常锻炼的身体能力，这无疑有助于提高他们的身体协调性、敏捷性和爆发力。

（2）趣味型训练。趣味型训练是一种注重游戏性、娱乐性和体验性的训练方式，目的是在轻松、愉悦的环境中进行身体锻炼和技能学习。与传统的训练方法相比，趣味型训练更注重参与者的体验和乐趣，而不仅仅是结果和效果。在高校体育课程中，引入趣味性训练，有助于培养学生的团队合作能力。在趣味型活动中，学生常常需要与他人合作，找到团队之间的默契，以达到既定的目标。在这个过程中，他们可以学会倾听、沟通与协调，更加明白集体的力量。此外，趣味型训练也有助于锻炼学生的创新思维。许多活动需要学生跳出常规，运用创意来解决问题或完成挑战。这种对新事物的探索和尝试，有助于激发他们的创新意识和动手实践能力。

（3）团队型训练。团队型训练是指那些需要多人合作、协调，共同完成某一任务或目标的训练方式。在这类训练中，个人的表现不仅取决于其自身的能力，还与团队其他成员的表现、团队整体的策略和协同作战能力密切相关。团队型训练的核心不仅仅是提高每个成员的技能，更重要的是培养成员间的默契。例如，在体育比赛中，如篮球、排球、足球等项目，虽然每个队员都有其独特的位置和任务，但他们必须团结合作，才能获得比赛的胜利。再比如，一些军事或企业团队建设活动，如拓展训练，也经常采用团队型训练方式，让参与者在完成一系列任务中，深刻体验到团队合作的重要性。为确保团队训练的有效进行，教师应指导学生做出明确的分工与角色选择。在各自的角色中，学生不仅能够增强责任感，还能根据训练目标和项目特点，发挥其独特的优势，共同为达到最佳的训练效果努力。团队型训练为学生提供了一个展示和锻炼个人才华的平台，鼓励他们更加充分地发挥自己的长处，有助于激发学生的创造性思维和创新意识，从而使体育课程的教学内容更加丰富、深入。

实践案例：

江苏财经职业技术学院素质拓展训练课程方案

一、课程功能

以职业岗位能力为导向，以职业拓展项目为载体，以体验式游戏为活动形式，坚持“高标准规划、高质量建设、高水平服务”的要求，采用最新的职业素质体验式教育理念，引进和设计“经济实用、安全环保、创意新颖”的固定和便携教具，通过完善制度、创新机制、强化师资、研发项目，提升中心服务能力，将其建设成为一个“规模较大、功能齐全、独具特色”，集科研、教育、服务于一体的职业素质拓展体验中心，着力培养具有创新精神和实践能力的德智体美劳全面发展的高素质技术技能人才。

二、课程基础信息

素质拓展训练课程面向全校各专业新生，共计 10 个学时，课程类型为理实一体化。前导课程为中学德育课程、中学体育课程，后续课程为职业素质拓展课程。

三、课程开发团队

参与素质拓展训练课程标准制定的主要成员有教授、副教授、骨干教师等共计 11 人。

四、课程性质

本课程属于我校 C 类理实一体化课程。本课程适用全校各专业，课程时间为（大一下学期每周五全天）。其以户外活动的形式让参与者进行体验，更侧重实操能力的训练和培养。老师只起引导作用，参训学员作为课程主体，用“先行后知”的体验方式，从中感悟所蕴含的理念，通过反思获得知识，改变行为，降低活动的风险，最终形成具有中国特色的体验式学习体系，用“积极”“独立”“务实”“变通”“利他”“批判”等心理投射潜移默化地提高“说”“写”“做”，实现可趋向性目标。

本课程根据对接专业的不同，拥有不同的功能定位，其中会计专业、金融专业，对接培养的职业岗位能力为诚信；粮食专业、管理专业对接培养的职业岗位能力为团队协作能力；法律专业、营销专业对接培养的职业岗位能力为沟通交流能力；物流专业、工程专业对接培养的职业岗位能力为创新思维能力；全校各专业共同对接培养的职业岗位能力为职业体能、职业心理素质能力。

五、课程目标与内容

（一）课程目标

素质拓展训练是一种体验式学习，其将大部分课程安排在户外，精心设置了一系列新颖、刺激的情景，鼓励学生去主动体验，在参与体验的过程中，学生的心理受到了挑战，思想得到了启发，学生可以在特定的环境中去思考、发现、醒悟，进而从中获得对个人和团队的新的认识。素质拓展训练可以激发学生的想象力与创造力，提高学生克服困难的能力；可以增强学生的团队意识，培养学生的团队协作能力；可以提高学生的自我意识，帮助学生不断完善自我，走向成熟；可以让学生学会关爱他人，与他人进行有效沟通；还可以培养学生独立生活的能力，提高学生的环境适应能力等。

1. 思想政治目标

认真贯彻“健康第一”的教育指导思想，坚持立德树人，自觉践行社会主义核心价值观和习近平新时代中国特色社会主义思想，培养德智体美劳全面发展的社会主义建设者和接班人。

（1）学会做人

培养具有健康体魄，健全人格，良好道德品质和社会公德意识，坚定政治信念，较强纪律观念和民主法治意识，能融入社会生活主流，又具有互助合作精神的社会人。①学会正确认识自我，正确处理社会、家庭和学校的关系，形成科学的、进取向上的世界观、人生观和价值观。②学会并掌握正确的学习方法，养成良好的学习习惯；自律自重、自尊自强，培养较强的纪律观念；热爱人类、关心集体，树立正确的劳动观。③尊重客观规律，学会正确认识现实生活，热爱祖国、热爱生命，具有坚定的政治信念与积极、健康的生活方式。

（2）学会学习

以课堂教学为主阵地，以学生社团活动等课外活动为补充，认真组织学校体育文化艺术节等校园文化活动，丰富校园文化生活，积极为学生学习科普知识，培养学生的科学精神、环保意识、人文素养创设活动载体，促进学生的全面发展。

（3）学会选择

人的发展过程是一个不断选择的过程，学会选择也就学会了对成功机遇的把握。例如，学会对信息知识的取舍和选择，学会对是非判断标准的选择，学会对自身发展目标的选择，学会对自身生活方式的选择。只有学会选择，才能少走弯路，才能在学习、生活中更早地体验成功的快乐。

2. 运动技能目标

素质拓展训练注重学生心理健康与社会适应能力的培养。通过形式多样的训练项目，学生可以树立健康的学习理念，形成良好的团队协作意识，学生也可以在训练中增强自己战胜困难、解决问题的能力，从而磨炼自身意志，提高自己的社会适应能力。

3. 社会适应目标

通过参与素质拓展训练，有助于提高学生的人际交往与沟通能力。而学生人际交往与沟通能力的提高，则有助于团队各个成员发现彼此的优点或特长，从而在团队任务中实现更明确的分工，提高团队协作的质量和效率。

（二）课程教学内容

根据不同项目环节的教学任务，制定出不同的授课方案。本项目在教学内容的组织实施过程中主要采取以下措施。

理论教学与实践教学相结合。教师在强调课堂理论教学的同时，更注重实践性教学环节，依托学校拓展基地场地、设备和器材等提升课程的实践教学水平。

实践内容与专业特点相结合。在进行户外培训时，教师应遵循参训学员能力培养的基本规律，模拟工作生活中容易出现的场景，科学合理地设计教学内容，实现教、学、做相结合，理论与实践一体化。

具体课堂教学设计如图 3-5 所示。

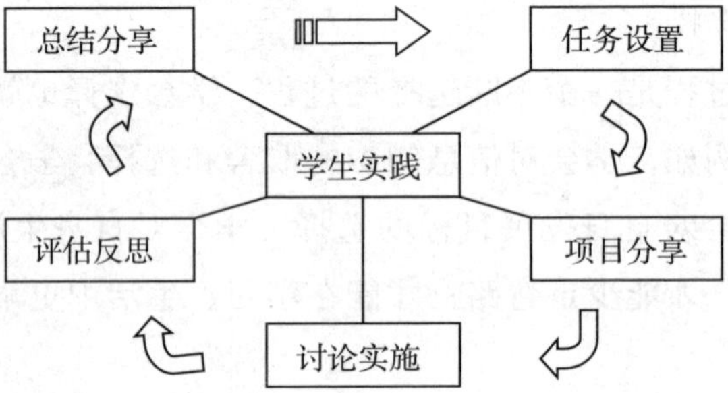

图 3-5　课堂教学设计

素质拓展训练课程由若干项目组成，每一个项目都从受训学员实际需求的各种能力出发，制定具体的任务（项目），讲解具体的过程和规则。每个项目的教学过程为：任务设置、项目分析、讨论实施（团队内部合作或团队之间PK）、评估反思、总结分享。通过教、学、做的结合，学生从了解为何做、到理解为何这样做，再到做什么，最后掌握怎么做，其应用能力得到了培养，完成了“获取——实践——内化——反思——总结”的认识过程。在整个教学过程中，始终以学生为“中心”，以实践为“核心”。

具体课程教学内容如表 3-3 所示。

表3-3　课程教学内容

课程专业能力	拓展内容	拓展项目
创业意识能力（营销、物流、粮食等专业群）	科学的认识创业及创业具备的能力	头脑风暴、商业游戏等
创新意识能力（物流、金融、营销、工程等专业群）	应对事物所具备的创新意识、创新能力	冰海沉船、八仙过海、雷阵等
竞争意识能力（法律、营销、物流、粮食等专业群）	社会竞争意识和社会竞争能力	有轨电车、火场急救等
思维动手能力（会计、金融、营销、物流等专业群）	拓展处理问题的思维方法和实践能力	高空聚物、越障、罗马战车等
分析决策能力（会计、法律、管理、营销等专业群）	拓展遇到问题的分析能力和决策能力	雷区取水、孤岛求生、心路等
应变能力（法律、营销、管理等专业群）	应对突发环境、事件的变通和适应能力	听数抱团、快速60秒等
自信、责任（各专业群职业心理素质）	拓展自信心和社会责任心	心灵之旅、背摔、空中相依等
挫折容忍力（各专业群职业体能）	应对挫折的心理调控能力和防御能力	求生墙、攀岩、网阵等
弘扬红色（各专业群职业体能）	增强爱国爱岗的意识和坚韧不拔的意志品质	飞夺泸定桥、地雷阵等

具体课程教学安排如表 3-4 所示。

表3-4　课程教学安排

教学计划模块	项目类别	学时数
破冰启航	团队认识、团队组建	1
通用能力	地面项目、中低空项目	4
自我管理能力	地面项目、中高空项目	4
总结与分享	团队分享、团队告别	1

注：思政模块融入每个模块，10 分钟左右。

六、课程考核

（一）职业素质拓展训练课程考核办法

本项目考核结构包括四个部分：①出勤率；②课堂表现（教师、队友）；③通用能力评价；④自我管理能力评价；各部分所占的评分比重如表 3-5 所示。

表3-5　课程成绩占比

考核指标	所占比重（%）	得分
出勤率	20%	20
课堂表现（教师、队友）	20%	20
通用能力评价	30%	30
自我管理能力评价	30%	30

考核内容：①出勤率、学习态度、课堂纪律和道德作风等；②学生的课堂表现（由授课教师和队友共同评定）；③项目完成、情景模拟过程中的通用能力和自我管理能力的运用表现。

（二）课程评价

学生的学习评价应是对学习效果和过程的评价，主要包括体能与运动技能；认知、学习态度与行为；交往与合作精神、情意表现等，要打破片面追求客观和量化的传统体育效果评价的方法，注重学生的个性差异和能力培养，积极探索学生自评、互评和教师评定的考核方法。

教师的教学评价是课程评价的重要内容，教学评价的内容包括以专业素质、教学能力、科研能力为主的教师业务素养，和以教学目标、教学组织、教学内容、师生互动、教学技巧以及教学目标实现程度为主的课堂教学，教学评价通过教师自评、互评、学生评定以及同行专家评议等方式进行。

课程建设评价主要包括课程结构体系、课程内容、教材建设、课程管理、师资设备与培训、体育经费、场馆设施等。

第四章　高校素质拓展训练课程资源体系

高校素质拓展训练要达到预期的效果，需要以一系列综合的资源作为支撑。在高校素质拓展训练课程资源体系中，师资是人力资源，基地是物质资源，而软、硬件设施是支撑整个训练活动正常运行的必要条件。

第一节　素质拓展训练课程师资

素质拓展训练作为一种专业和综合性的教育方式，对师资的要求相对较高。师资在素质拓展训练中的作用和重要性不言而喻。对于高校来说，拥有合适的师资队伍是确保教学质量和训练效果的关键。

一、高校素质拓展训练教师的基本要求

高校素质拓展训练教师不仅需要具备丰富的教育经验和专业知识，还需要具备一系列的个人品质和技能，以确保他们能够为学生提供高质量、安全、有效的拓展训练。

（一）高校素质拓展训练教师的知识要求

教师队伍是高校素质拓展训练课程的基础保证。素质拓展训练课程源于体验式学习的思想，许多学习活动都是在户外环境中进行的。这就要求高校素质拓展训练教师深入理解实践教学的方式方法，熟悉户外运动的技巧，能够熟练操作专业的场地设备。具体到每一个环节，无论是漂流、攀岩还是团队协作任务，他们都需要确保学生的安全并引导他们进行深度的反思。除了这些实践性的技能之外，高校素质拓展训练教师还需要具备丰富的理论背景。理论知识是实践教学的前提，不仅包括拓展训练的原则和方法，还包括管理学、组织行为学等领域的理论知识。因为在素质拓展训练中，教师需要引导学生了解团队的构成、组织的行为和领导的技巧，帮助他们在实践中体验和理解这些理论知识。因此，要想真正实现素质拓展训练的目的，提升学生的综合素质，高校应该对素质拓展训练教师进行系统的培训和评估，确保他们具备所需的专业知识和技能，能够与学生建立起良好的沟通和互动关系。

结合素质拓展训练的特点及发展趋势可知，高校素质拓展训练教师需要具备的知识包括本体性知识、条件性知识、实践性知识等。

1. 本体性知识

本体性知识指的是某一专业或学科领域内的核心理论、原则和方法。这种知识体系是该领域的基础，可以为从事相关工作的人员提供指导和参考。本体性知识是深度、系统性的，通常是通过正规教育和长期研究获得的，它反映着一个领域的主要研究内容和发展趋势。

在素质拓展训练中，本体性知识主要包括素质拓展训练课程的基础理论知识、素质拓展训练课程场地项目的理论知识及素质拓展训练课程的高空项目理论知识等。其中素质拓展训练的基础理论知识包括素质拓展训练的起源、发展历程、基本原则、目标和功能等内容。只有深入了解这些基础理论，教师才能确保训练活动真正达到预期的教育目的。素质拓展训练课程场地项目理论知识主要涉及具体的训练项目和场地的设计、实施和评估，包括如何根据学生的实际情况和需求选择合适的项目，如何有效地组织和引导学生参与以及如何评估训练的效果等。对这一领域的深入理解可以帮助教师更好地设计和组织拓展活动，确保每个学生都能从中受益。素质拓展训练课程高空项目理论知识则主要涉及高空活动的特点、要求和风险。高空项目通常具有更高的挑战性和风险性，因此对教师的要求也更高。他们不仅要确保学生的安全，还要确保学生能够在高空活动中获得真正的教育体验。这要求教师对高空项目有深入的理解，掌握相关的技能和方法，并能够在实际活动中灵活应用。

值得注意的是，仅有本体性知识是远远不够的，教师不仅要深入理解每一个项目的理论知识，更应主动成为各项目的先行体验者。这种主动投身其中的态度，可以让他们真正从内心感受到每一项活动的核心意义。在多种环境下对同一项目的多次体验，会使教师从不同角度深化对项目的认知，丰富其对活动的理解。这些亲身的体验和感悟，为教师在传授知识时提供了真实且生动的案例，使得知识的传递更具感染力。教师教学的核心目标就是将这些本体性知识有效地传递给学生，使他们真正理解并应用。因此，评估教师的教学绩效，在很大程度上是基于学生掌握的知识质量来进行的。总而言之，要想成为一名出色的素质拓展训练教师，需要具备丰富的实践经验和深厚的学科背景。这样，当他们站在训练现场时，才能真正发挥专业的引导作用，帮助学生充分体验并从中成长。

2. 条件性知识

条件性知识是指与特定情境或条件相关的知识。与本体性知识不同，它不仅仅关注“事物是什么”，更加重视“在何时、何地、何种情境下如何应用”。这种知识可以为素质拓展训练教师提供应对各种不同情境的方法和策略。

在素质拓展训练中，教育学、心理学以及安全急救等理论知识是素质拓展训练教师需要掌握的条件性知识。教育学和心理学相关的知识，可以帮助教师将复杂的学科知识转化为学生能够轻松理解和接受的方式，使教师能够洞悉学生的心理状态，从而更加准确地制定和调整教学策略。实际上，成功的教学不仅仅是传递知识，更多的是激发学生的兴趣，调动他们的积极性，使他们自主、深入地学习。教育过程中的情境知识和问题解决能力，主要源自教师的实践经验。这种经验往往是在日常的教学实践中积累的。对于一个经验丰富的教师而言，识别并适应不同的教学情境已成为一种本能，他们能够迅速调整教学策略，确保教学效果的最大化。

由于素质拓展项目活动主要在户外进行，训练中可能出现各种不可预测的因素。因此，教师有必要掌握一定的安全保护、安全急救的相关知识，保证学生在安全的环境中获得知识与技能。总之，条件性知识是教师进行高效教学的重要保障，它与实际教学环境紧密结合，为学生提供更有深度、广度和质量的学习体验。

3. 实践性知识

实践性知识源于实际的教学与工作经验，它是教师在日常的教育实践中所积累和总结的知识和经验。这种知识不同于教科书中的理论知识，它更注重实际操作、实际场景的处理以及教学策略的实时调整。实践性知识能够帮助教师更好地应对教学中的各种情境，解决实际问题，并确保教学的有效性。

在素质拓展训练中，实践性知识源于教师在教学实践中的体验和感悟，以及对他人经验的学习与反思。这种知识不仅包含如何进行教学，还包括如何在不同的情境下，灵活运用已有的知识和技能，解决实际问题，并满足学生的个性化需求。一个资深的教师能够根据当前的环境和学生的状态，迅速做出判断，运用自己的经验和知识，为学生创造一个既安全又富有挑战性的学习体验。在面对各种不确定性时，教师不仅要确保所有的活动在安全的范围内进行，还要确保每一个细节都经过了周密的考虑和准备。在这一过程中，教师的实践性知识，特别是他们的安全意识和操作经验，发挥着至关重要的作用。

此外，由于素质拓展训练涉及的知识和技能都较为复杂，学生的个体差异也相对较大，教师需要不断地调整自己的教学策略，确保每一个学生都能得到充分的关注和支持。这就要求教师不仅要有丰富的教学经验，还要有敏锐的观察力和创新能力，能够根据学生的特点，设计出适合他们的学习活动。为了更好地培养和运用这种实践性知识，教师之间的交流和分享也十分重要。通过分享自己的教学经验，倾听他人的故事，教师可以不断地更新自己的知识结构，拓宽自己的视野，从而更好地应对各种教学挑战。

（二）高校素质拓展训练教师的技能要求

具备专业技能是高校素质拓展训练教师开展活动的前提，也是确保活动效果的关键。教师的专业技能与他们的职业道德是密不可分的。一个缺乏专业技能的教师，很难体现其高尚的职业道德和深厚的知识修养，并可能难以在教育教学中产生积极的实质性影响。

素质拓展训练并非传统的教学模式，它强调体验式学习，这要求教师在活动实施前要进行深入的思考和策划。因此，素质拓展训练教师不仅要具有深厚的教育心理学背景，还需要掌握实用的技能和知识，以确保教育内容与学生的实际需求相结合。此外，教师还要有高度的敏感性，以及能充分了解学生创设与学生及社会实际需求相符的体验课程。在实际的教学过程中，教师还需不断反思和优化教学策略，真正推动教学效果的不断提升。

优秀的素质拓展训练教师，应依据参训学生的背景与课程目标，在实际教学情境中，为学生提供针对性的指导和帮助。结合素质拓展训练的特点，素质拓展训练教师应当具备以下几个方面的技能（图 4-1）。

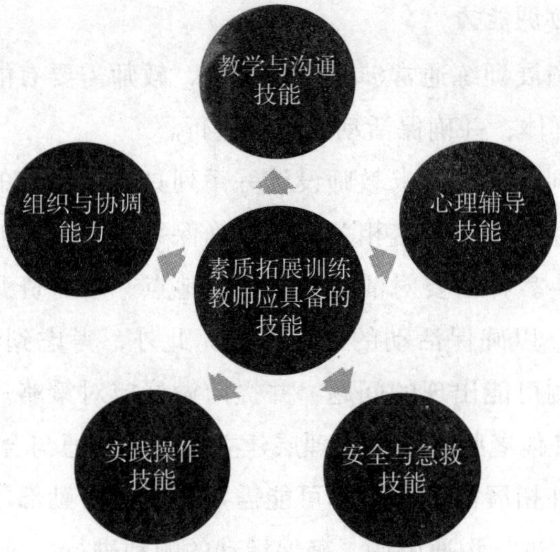

图 4-1　素质拓展训练教师应具备的技能

1. 教学与沟通技能

素质拓展训练教师要能够清晰、有效地传递知识和技能。他们需要掌握现代教学方法和技术，如互动式教学、案例分析法等。此外，优秀的沟通能力能确保教师与学生之间建立起良好的互动和信任。

素质拓展训练教师应该能够识别每位学生的独特性，对于学生的差异性有充分的认识和理解，从而能为每一位学生量身定制最适合他们的学习策略。这需要教师具备广泛而深入的教育学和心理学知识以及丰富的实践经验。除此之外，教师还需具备出色的沟通技巧。这是因为在素质拓展训练中，学生的参与度和主观能动性都要求很高。教师要激发学生的学习兴趣和动力，这就需要他们能够与学生建立起真挚的信任关系。只有在信任的基础上，学生才会敞开心扉，与教师分享自己的感受和困惑。教师在与学生的沟通中，应当展现出真诚、同理心和耐心，每一次的交流都是为了更好地理解学生、促进学生发展。

2. 组织与协调能力

由于素质拓展训练通常涉及团队协作，教师需要有能力组织大型活动、管理学生群体，并确保活动的流畅进行。

素质拓展训练往往要求教师设计一系列具有挑战性的活动。这些活动不仅需要与课程目标紧密相关，还要确保每位学生都能参与其中并有所收获。因此，教师需要对活动的时间、地点、所需资源等各个方面进行细致的规划，以确保活动的高效进行。此外，考虑到学生的差异性，教师还需要预测可能出现的问题，并提前做好应对策略。素质拓展训练教师还需要与其他老师、学校管理层建立良好的沟通与合作关系。例如，为顺利开展户外拓展活动，教师可能需要与学校后勤部门、场地提供方或其他相关部门进行沟通协调，确保活动的顺利进行。

3. 实践操作技能

对于素质拓展训练的各种活动，如攀岩、徒步、团队建设游戏等，教师应该具备相关的操作技能，这样他们才能有效指导学生，并确保学生动的安全。教师不仅需要知道如何使用这些工具，还需要知道如何确保学生在使用过程中的安全。例如，在进行攀岩或绳索课程时，教师不仅要熟悉设备的操作流程，还要确保每位学生都能正确、安全地使用设备。而且，素质拓展训练往往强调实地体验和亲身实践。教师需要具备现场处理突发情况的能力，如遇到学生受伤或其他意外事件，教师应迅速作出判断，确保学生的安全和活动的顺利进行。这要求教师在日常的教育实践中积累足够的经验，随时预测和应对可能出现的风险。另外，实践操作技能还体现在教师的创新能力上。在素质拓展训练中，每个学生的需求和背景都可能有所不同。教师需要根据学生的实际情况，灵活调整教学策略和活动内容，确保每位学生都能获得最佳的学习体验。

4. 安全与急救技能

确保安全是素质拓展训练的首要任务。教师应当熟悉所有活动的安全规范，并能在紧急情况下迅速、有效地进行急救。安全能力并不仅仅是简单地避免事故的发生，而是要求教师具备识别和评估潜在风险的能力，从而制定合适的预防措施。例如，在攀岩活动中，教师需要确保所有的设备都经过了严格的检查，并且对学生进行了充分的安全训练。同时，教师还需根据学生的体质、健康状况和技能水平调整活动难度，确保其在安全范围内挑战自己。

急救技能在紧急情况下也是十分必要的。无论是学生在活动中的意外受伤，还是突然发生的健康问题，教师都应能迅速、准确地判断状况，并采取适当的急救措施。这不仅可以减少受伤学生的痛苦，甚至可能在某些情况下挽救学生生命。例如，在野外徒步时，一位学生可能因脱水或高温导致中暑，此时，教师的及时干预和正确处理就显得至关重要。除了具备急救技能，教师还应对安全文化有深入的理解，使之融入日常教学和活动中。这样不仅能确保学生在活动中的安全，还能培养他们的安全意识，使他们面对日常生活和未来的挑战时都能更为审慎。

5. 心理辅导技能

素质拓展训练旨在挑战学生的身体和心智极限，以促进其个人成长和团队合作能力的提升。在这个过程中，学生可能会遇到一系列情感和心理上的挑战，如焦虑、恐惧、挫败感或自我怀疑。因此，素质拓展训练教师需要具备心理辅导技能，以便更好地支持和引导学生。心理辅导技能首先涉及对学生心理状况的敏锐观察。教师要能敏锐观察并捕捉到学生在活动中的微妙变化，如语言、肢体语言或面部表情，从中洞察他们的情感和心理需求。例如，一位通常表现活跃的学生在团队合作活动中突然变得沉默和疏远，这可能是他感到不被接纳或与他人存在矛盾的表现。拥有心理辅导技能的教师还能够建立与学生之间的深层次信任关系。这种信任关系为学生提供了一个安全的环境，让他们能够开放地分享自己的感受和挑战，而不必担心被误解或评判。通过倾听，教师可以帮助学生识别和处理他们的情感和心理问题，从而增强他们的自信和应对能力。此外，在某些情况下，学生可能面临更为严重的心理问题，如抑郁、焦虑症或其他情绪障碍。在这种情况下，教师要能识别这些迹象，并为学生提供适当的支持，或者引导他们寻求专业帮助。因此，为了确保训练的有效性和学生的全面发展，素质拓展训练教师应具备一系列综合性的技能。

二、素质拓展训练课程师资建设的意义

高校素质拓展训练课程的实施，离不开师资队伍建设。强化素质拓展训练课程师资队伍建设，有助于提升素质拓展训练教师的教学水平，使之更具专业性、系统性和实效性，并为教师职业生涯发展提供重要的参照，帮助他们明确自己的发展方向和目标。加强素质拓展训练课程师资队伍建设，不仅可以为学生提供高水平的教学资源，还可以为他们在心智、情感和社交等多个维度上的成长打下坚实的基础，促进学生的全面发展（图 4-2）。

图 4-2　素质拓展训练课程师资建设的意义

（一）提升素质拓展训练教学水平

教学过程中，师资是最直接、最核心的力量。有着丰富经验和专业背景的教师，能够准确地把握素质拓展训练课程的核心目标，为学生提供更系统、更具深度的训练内容。他们不仅能够将教学内容与实际应用

相结合，使学生能够更好地将所学应用于实践，同时也能够引导学生深入思考，激发他们的探索欲望和创新意识。此外，专业的师资队伍还能为学生提供更加精准的个性化指导。每位学生的身体素质、性格特点和学习需求都各不相同。经验丰富的教师能够根据每位学生的特点因材施教，既能够保证每位学生都能得到充分的锻炼，又能确保他们在训练过程中有所成长。

而在教学方法和技巧上，加强师资建设同样起着决定性的作用。随着教育理念的更新，教学方法也在不断地创新和演变。拥有专业背景和丰富经验的教师，能够灵活运用各种教学方法，确保教学内容既生动有趣，又具有深度。因此，加强素质拓展训练课程的师资队伍建设，对于提升素质拓展训练教学水平具有十分重要的意义。

（二）为教师职业生涯发展提供参照

教师职业生涯发展是指教师从入职到退休整个职业生涯中的知识、技能、态度、价值观和其他专业素养的持续成长和提升过程。这一过程涉及教师对自己的教育和教学实践的深入思考、对教育理念的不断更新、对教学方法的探索和创新，以及对个人职业目标的明确和追求。

在教育领域，教师是教学过程中的核心力量，而其职业生涯的发展又与其所在学校的培训机会、教学资源和教学环境紧密相关。当高校加强素质拓展训练课程的师资建设时，它实际上在为教师的职业生涯发展创造了有益的条件，从而使教师能够在这一领域中持续地成长和提升。

加强素质拓展训练课程的师资队伍，显然可以为教师职业生涯发展提供重要参照。素质拓展训练课程要求教师具备跨学科的知识结构和教学方法，这种跨界的知识体系对教师的专业发展有着深远的影响。教师在掌握这些跨学科知识的同时，也能够更加全面地认识到自己的短板，从而在未来的职业生涯中持续地进行自我完善。此外，面对不同的学生，教师需要具备丰富的心理学知识和应对策略。高校在进行素质拓展训练课程的师资建设时，应对教师的心理素质和应对策略加以培训和指导。这使得教师在日后的教育教学过程中，能够更加从容地应对各种情况，有助于提升教学效果和学生的满意度。

（三）促进学生全面发展的基本保障

强大的师资队伍是高质量教育的关键。教师不仅是知识的传递者，更是学生成长的引路人。通过加强素质拓展训练课程的师资建设，教师将具备更广阔的知识体系和更为丰富的教学策略。这不仅有助于学生在学术上的提升，同时也激发了他们的创新精神和探索欲望。而素质拓展训练课程本身就旨在锻炼学生的多种能力。有了专业且经验丰富的教师，学生在课程中能够更深入地体验、实践和思考。这种深度的参与，使得学生在情感、身体和社交等方面都得到了全方位的锻炼。

此外，随着教育的现代化和国际化，高校需要培养具有国际视野和跨文化沟通能力的学生。加强素质拓展训练课程的师资建设，能为学生提供更加开放、多元和国际化的学习环境，从而帮助他们适应未来的挑战。

三、素质拓展训练课程师资建设的原则

（一）服务高校战略原则

服务高校战略原则意味着在建设素质拓展训练课程的师资队伍时，应确保这一建设与高校的整体发展战略紧密相连，为学校的长远目标和愿景提供坚实的支持。该原则背后的理念是：任何师资队伍的建设，不应仅仅局限于满足当前的教学需求，而应将其看作是服务于学校的整体愿景和长期目标的一个关键环节。只有当师资建设与学校的长远发展策略相协调，才能确保教师队伍的稳定性和持续性，从而为学生提供连贯、系统的教育。

在具体操作中，高校在建设素质拓展训练课程的师资队伍时，应首先明确学校的发展战略与目标。随后，结合这些战略和目标，来确定师资队伍的规模、结构和发展方向。同时，学校应重视与教师的沟通与交流，确保他们了解学校的整体愿景，并鼓励他们为实现这一愿景做出自己的贡献。此外，对于那些与学校的战略目标高度契合的优秀教师，学校应给予更多的支持和鼓励，以激励他们更好地发挥自己的专长和潜能，为学校的长远发展贡献自己的力量。

（二）兼顾专业与经验原则

兼顾专业与经验原则强调在师资队伍建设中，既要考虑教师的学科专业背景和理论知识，也要重视他们的教学经验和实践能力。仅凭其中之一，难以保证教育的高质量和效果。专业知识确保教师在理论上有深入的洞察，而丰富的经验则使教师能够有效地将这些知识应用到教学实践中。纯粹的学科专业背景可能会使教师缺乏实践中的敏感性和应变能力，而仅依赖经验又可能导致教育活动缺乏理论支撑和方向性。因此，将专业与经验结合起来，可以确保教师在教学中既有明确的理论指导，又能灵活地应对各种实际情境。

要实现这一原则，高校在招聘和培养素质拓展训练教师时，应制定相应的标准和流程。例如，在招聘时，不仅要检查候选人的学历和学术成果，还要了解他们的教学和实践经验。此外，高校可以为素质拓展训练教师提供理论与实践结合的培训和进修机会，鼓励素质拓展训练教师参与实际的教育活动，同时也鼓励他们深入研究和更新自己的学科知识。通过这种方式，可以确保高校素质拓展训练课程的师资队伍既有深厚的专业背景，又具备丰富的教育经验。

（三）可持续发展原则

可持续发展原则，要求高校在进行素质拓展训练课程的师资队伍建设时，要考虑师资队伍的持续性和稳定性。

为确保素质拓展训练师资队伍的质量和稳定性，使之能够适应教育领域的持续变化和挑战，高校必须遵循可持续发展原则。如果高校仅仅为短期的需求或当前的流行趋势来建设素质拓展训练师资队伍，可能后期会面临师资不稳定、教学方法过时或缺乏教育创新等问题。为实现可持续发展原则，高校应确保招聘策略既满足当前的教学和研究需求，又能应对未来的变化和挑战。高校不仅要招聘具有潜力的年轻教师，同时也要为他们提供持续的培训和发展机会。此外，高校还应鼓励素质拓展训练教师持续学习，与时俱进，这样可以确保他们的教学方法和知识始终处于前沿水平。同时，高校还应通过提供适当的职业发展机会、工作环境和待遇等方式激励和留住优秀的教师。

四、素质拓展训练课程师资建设的策略

在高等教育领域，随着社会对学生全面素质教育的日益重视，素质拓展训练课程逐渐成为高校教育体系的重要组成部分。为了确保素质拓展训练课程的效果，相应的师资队伍建设显得尤为关键。对此，高校可以采取以下几点策略。

（一）规范准入机制

高校的师资直接影响到教学质量，而教学质量是塑造学生全面素质的核心因素。若随意、不规范地准许教师入职，可能会导致师资队伍水平参差不齐，从而影响整体教学效果。要规范高校的师资准入机制，关键在于制定明确、公正、透明的选拔标准和流程。首先，高校应明确教师的基本资格要求，这包括学历、教育背景、教学经验等关键因素。其次，高校应制定一个公正的评价系统，确保每位申请者都得到公平的评估，无论其来自哪里。此外，选拔流程应透明，所有申请者都应了解自己的进程及所需满足的条件。

一般来看，高校可以通过以下几种方式组建素质拓展训练的教师队伍。

1. 从相关机构引进或聘请专业训练师

高校可以与专业培训机构或体育团队进行合作，直接聘请经验丰富的专业训练师来担任教学职务。这种合作方式不仅能为学校引入专业的教学方法和理念，还有可能为教师带来更多的资源和机会，如高级培训、交流活动等。同时，此举也能为学校的长远发展提供方向，有助于构建高效的学校教学管理体系。

2. 从体育教师中选拔合适人才

在高校体育部门中，往往有许多经验丰富、技能精湛的教师。学校可以通过选拔机制，将这些教师纳入素质拓展训练队伍，经过专门的培训和考核后，让他们担任相应的教学职责。这不仅可以确保教学质量，还能为这些教师提供一个新的发展机会，同时也能节省大量的人力和物力成本。

3. 接收其他有志于这项训练的教师

高校可以开展相关的培训项目，鼓励对素质拓展训练感兴趣的教师参加。经过系统的培训和考核，让他们成为素质拓展训练队伍中的一员。这不仅能够丰富教师队伍的结构，还能激发更多的教师参与到这一教学活动中来，从而为学生提供更多元、更有活力的教学体验。

（二）加强教师培训

在现代教育中，特别是素质拓展训练领域，教育方法和理论不断更新，新的教学工具和技术也在不断涌现。如果教师不能及时了解并掌握这些新知识和技能，很容易导致教学效果与时代要求脱节。因此，高校必须确保教师具备最新、最有效的教育方法，以满足学生的发展需求。加强教师培训不仅能提升教师的教育技能和素质，还能帮助他们了解和掌握教学的新趋势，从而使他们在教学中更加自信、从容。此外，培训也是提高教师团队凝聚力的有效方式，因为在培训中，教师可以交流经验、共享资源，形成共同的教学理念和目标。

要真正加强高校教师培训，学校应该定期组织专业培训活动，邀请教育专家和实践者来分享他们的知识和经验。同时，学校也可以鼓励素质拓展训练教师参加外部的培训项目，如研讨会、交流会等，使他们能够了解并引入更广泛的教育资源。此外，学校还可以建立一个教师培训的长期机制，如设立教师发展中心，为素质拓展训练教师提供持续的学习和发展机会。

针对不同的教师需求，高校可以提供多样化的培训内容。例如，对于刚入职的年轻素质拓展训练教师，培训内容可以聚焦于课堂管理、基本的教学策略等基础领域；而对于资深教师，则可以提供关于教育技术、先进教育理念或跨学科教学等课程。为了确保培训的效果，学校还应建立一套完善的评估机制。完善的评估机制可以帮助学校了解培训的效果，对培训内容和方法进行适时的调整，从而确保教师培训具有一定的高效性和针对性。

（三）强调终身学习

终身学习不仅意味着教师要持续地更新和积累知识，更意味着他们要在教育实践中持续地反思、调整和创新。作为素质拓展训练课程的教育者，他们不仅需要掌握广泛的知识和技能，还需要具备跨学科的整合能力，以及与时俱进的创新思维。当高校强调终身学习时，教师将更加注重自我成长和提高。他们会更加主动地寻找学习机会，参与各种培训和研讨会，从而不断地充实自己，提高教学水平。这不仅有助于教师更好地适应素质拓展训练课程的需求，还可以培养他们在教学中更为开放和创新的态度。此外，教师的持续学习和进步也为学生树立了学习榜样。他们的行为和态度将鼓励学生形成积极的学习习惯，激发学生的学习兴趣和热情，从而为学生的全面发展创造有利条件。因此，高校在建设素质拓展训练课程师资队伍时，应当深刻认识到终身学习的重要性，并在制度、政策和文化上为教师的终身学习提供支持和鼓励，从而为培养具有高素养和专业能力的教师队伍奠定坚实基础。

第二节　素质拓展训练基地建设

在21世纪的教育背景下，纯粹依赖传统的课堂教育已无法满足日益增长的社会需求。现今，大学生所面对的是一个快速变革、多元化、充满竞争的世界。因此，加强大学生的素质教育已成为教育改革的核心和总体发展的趋势。为此，建设大学生素质拓展培训基地不仅是提高学生综合素质的策略，更是高校追求内涵式发展的重要体现。

一、素质拓展训练基地建设的必要性

随着社会进步和教育模式的转变，传统的教育方式已经不能完全满足当代学生的成长需求。为进一步增强学生的综合素质，提升自身的知名度和影响力，高校有必要推进建设素质拓展训练基地。

（一）增强学生的综合素质

在现代社会中，单一的学科知识和技能已不足以满足社会和个人发展的多元化需求。学生的综合素质，是他们适应社会、担当未来、实现自我价值的关键因素。高校作为培养学生素质与能力的主要场所，承担着培养高素质人才的重任。

建设素质拓展训练基地，正是高校为了增强学生综合素质而采取的具体举措。素质拓展训练基地可以为学生提供丰富的实践活动、挑战项目，使学生在面对真实情境时，能够锻炼自己的心智、社交技能和解决

问题的能力。通过这些活动，学生不仅可以强化理论知识，还可以增强自身的情感、意志和团队协作能力。此外，素质拓展训练基地也可以为学生提供一个与他人互动、挑战自我的平台，让他们在与人合作和竞争中，认识自我，锻炼自我，实现自我超越。这对于培养学生的创新精神、批判性思维和独立自主能力具有深远的意义。

（二）提升高校的知名度和影响力

在当今竞争激烈的教育环境中，高校的知名度和影响力不仅关系到招生的质量、学校的资金和资源获得，还与其在学术界和整个社会的地位紧密相连。每所高校都希望能够在众多高等教育机构中脱颖而出，成为学生、教师、研究者和合作伙伴的首选。

而建设素质拓展训练基地，可以在一定程度上扩大高校的知名度和影响力。素质拓展训练基地，体现着高校独特的教学理念和方法。学生可以通过素质拓展训练基地获得全面发展和卓越表现，这些成功案例和经验会逐渐被社会各界所认可和传播，从而提高高校的公众形象和声誉。此外，通过建设素质拓展训练基地，高校也可以与其他高等教育机构、企事业单位和非政府组织建立合作关系，进一步扩大其社会网络和影响范围。这些合作关系不仅能够为学校带来更多的资源和机会，还能够使其在各种公共事务和议题中发挥更大的作用，从而在更宽广的领域中展现其影响力。

（三）满足社会户外运动的需求

在现代社会中，户外运动的需求日益增长，它不仅是一种健身方式，更是一种生活态度和精神追求。随着生活节奏的加快，人们越来越渴望摆脱都市的喧嚣，深入自然，寻找一种与大自然更加紧密的联系。户外运动如徒步、攀岩、皮划艇、徒步探险等，都为人们提供了一个回归自然、挑战自我、体验冒险的平台。

高校建设素质拓展训练基地，恰恰有助于满足这一社会需求。高校拥有丰富的资源、广大的青年学生群体和独特的教育优势，这使得其在推动户外运动发展上具有天然的条件和机会。素质拓展训练基地不仅为学生提供了一系列的户外训练课程和实践机会，也为社会公众提供了一个进行户外运动的平台。通过这样的基地，高校能够推动户外运动的普及与发展，培育更多对户外运动有热情的人群，同时也能满足社会对于户外运动场地、培训及资源的需求。

随着户外运动的兴起，相关的行业和就业机会也随之增长。高校通过建设素质拓展训练基地，还可以培养出一批具有专业户外运动知识和技能的毕业生，为社会提供更多的户外运动教练、活动策划人和相关的专业人才，从而更好地满足社会对户外运动领域的多方面需求。

二、高校素质拓展训练基地建设的原则

素质拓展训练基地不仅是一个实体场所，更是教育与培训理念的集中体现。它关乎每一位学生的全面发展，涉及每一次培训的效果与安全。因此，素质拓展训练基地建设不能草率，更不能随意。高校在建设素质拓展训练时，必须遵循一系列的原则，确保培训目标的实现（图 4-3）。

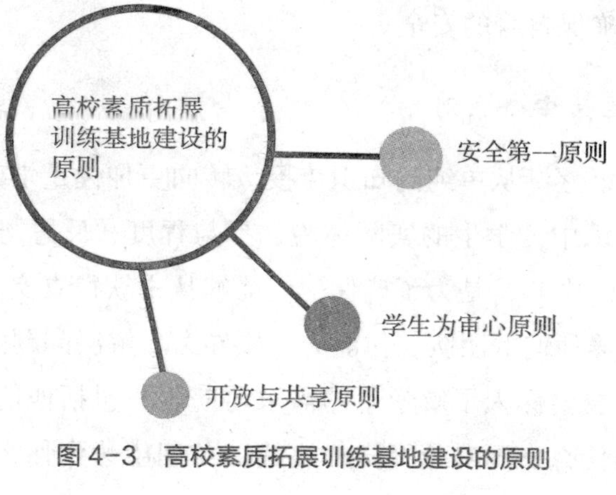

图 4-3　高校素质拓展训练基地建设的原则

（一）安全第一原则

素质拓展训练基地是高校培养学生团队协作、领导力和适应性等综合素质的重要场所。在基地的设计、建设与运营中，高校需要遵循安全第一原则，确保每位参与者都能在一个无忧的环境中进行学习与实践。

安全第一原则强调在任何情境下，学生的生命安全和身体健康都应当被视为最为重要的因素。这不仅是出于道义上的考量，更是因为只有在一个安全的环境中，学生才能真正地放心参与，全心投入，从而达到培训的预期效果。一旦发生安全事故，可能会导致无法挽回的后果，这对学生、家长、学校甚至整个社会都是一个巨大的打击。因此，教师应事先识别和评估可能存在的风险，然后采取措施加以消除或降低。

要做到这一点，高校在建设素质拓展训练基地时，需要进行详细的安全风险评估，确保基地的地理位置、环境条件和设施设备都符合国家和行业的安全标准。同时，基地应配置专业的安全教练和救援设备，并定期对其进行检查和维护，确保其随时处于良好和可用的状态。此外，针对不同的训练项目，制定相应的安全操作规程和应急预案，进行定期的演练，确保当面临突发情况时，能够迅速、准确地采取应对措施。与此同时，参与者也应该接受必要的安全教育和培训，了解潜在的风险和预防措施，以确保自身的安全。

（二）学生为中心原则

现代教育已逐渐从单纯的知识传授，转向更加注重学生的全面发展。在素质拓展训练中，学生的实际体验、参与程度、反思与成长都十分重要。把学生置于中心，是为了确保他们能够从中获得真实、深刻的体验，从而更好地培养他们的团队合作能力、领导力、解决问题的能力等。

因此，高校要深入了解学生的需求与期望，包括他们希望在素质拓展训练中得到什么、面对什么样的挑战以及期望达到什么样的成果。基于这些信息，教师可以设计出更加贴合学生需求的训练项目。同时，训练基地的设施布局、教学方法以及使用的工具都需要围绕学生的体验与需求来进行调整。例如，场地的设计要确保学生在活动中能够安全、舒适地参与，教学方法则要鼓励学生主动参与、积极思考，而使用的工具也应当是易于学生掌握、能够帮助他们更好地完成训练的。此外，教师还应该为学生提供持续的反馈，帮助他们识别自己的长处与短板，从而在训练中不断完善和成长。而对于学生的反馈和建议，教师也要认真对待，不断调整和完善训练基地的设施与方法。

（三）开放与共享原则

在当前社会，知识与信息的共享已经成为推动教育进步的重要动力。一个开放与共享的基地能够吸引更多的人才、观念和经验，从而丰富其教育资源，提高训练效果。此外，开放与共享还能加强各个组织、团体和高校之间的合作，共同推进素质教育的发展。

因此，高校在进行素质拓展训练基地建设时，需要具有明确的政策和流程，鼓励外部教育机构、团队或个人加入，共同参与课程设计、教学方法创新等方面的工作。与此同时，基地应该提供一定的公共服务，如开放日、公开课、研讨会等，让更多的人了解和参与其中。其次，在资源配置、活动组织等方面，高校也应考虑不同群体的需求，尤其是对于特殊群体如残障人士，要确保他们能够平等、公正地享受到所有的服务和权益。另外，技术的运用也是开放与共享原则的关键手段。例如，高校利用云技术、在线教育平台等手段，将素质拓展训练的课程资源、教学方法等分享到网络，使更多的人能够随时随地学习与参与。

三、素质拓展训练基地建设的基本思路

素质拓展训练基地建设的基本思路是在高校教育经验和理论研究的基础上，以立德树人为根本任务，以拓展大学生职业素养为目标，以学段分类为基础，以体验式教育为载体，综合运用会计学、金融学、法学、

教育学、管理学、体育学、社会学、心理学和政治学等相关学科理论，全面提升职业素养，做到教育任务明确，授课方式可行，突出信息化、模块化、系统化设计，使职业素养专业化、课程内容具体化、体验活动项目化，项目开展游戏化，全面提升大学生职业素养水平。

四、素质拓展训练基地建设的保障措施

在高校的教育生态中，素质拓展训练基地不仅是学生实践和锻炼的场所，更是培养学生全面发展的重要载体。然而，一个优质的训练基地的建设并不是简单地提供一片土地或一些建筑，而是需要周密的策划、充足的资源和持续的管理。为此，高校必须采取一系列的保障措施，确保基地的长远发展（图 4-4）。

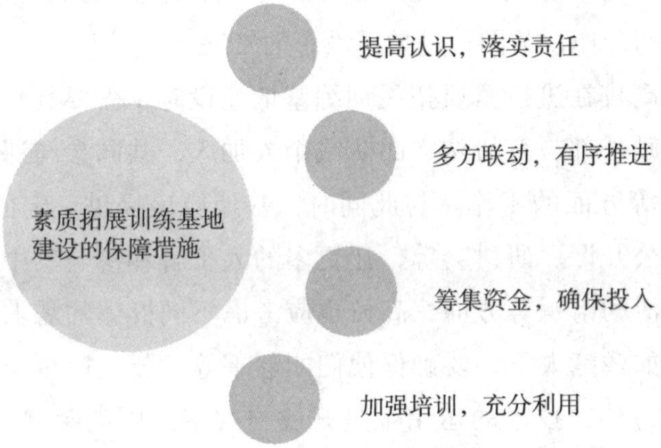

图 4-4 素质拓展训练基地建设的保障措施

（一）提高认识，落实责任

为加强素质拓展训练基地建设，高校管理层、教职工和学生都需要深入了解素质拓展训练的重要性。只有当每个人都意识到这个项目的价值，才能确保其长久、有效地运行。

高校应明确每个部门和个人在基地建设和运营中的职责。无论是规

划、建设、维护还是日常管理，每个环节都应有明确的责任人，确保他们都了解自己的职责所在，并为其提供必要的资源和支持。例如，基地的规划、建设、设备采购、维护和管理等各个环节都应有专门的人员来负责，并定期对其进行培训和指导，以确保他们能够有效地完成任务。具体来说，高校可以组织培训班或研讨会，邀请有经验的专家来为负责基地建设和管理的人员提供培训和指导。同时，可以制定详细的管理制度和操作手册，确保每个环节都按照既定的标准和流程进行。此外，通过定期的评估和反馈，学校还可以及时了解基地的运营情况，发现并解决存在的问题，确保基地始终为学生提供一个安全、高效的训练环境。

（二）多方联动，有序推进

高校在素质拓展训练基地建设过程中需要整合各个部门、团队和外部资源的力量，以协同合作的方式共同推进项目。这种整合不仅仅是简单的资源聚合，更是通过深度的合作与沟通，使得各方的优势得以充分发挥，缺点得以互补。例如，学校的行政管理部门可以提供政策与资源支持；教育教学部门可以为基地提供专业的培训与教材资源；而外部的合作伙伴则可以带来行业经验、技术支持或资金援助。只有将这些不同的力量紧密结合起来，才能真正实现项目的高效推进。

在素质拓展训练基地建设过程中，高校需要根据预定的计划和流程，按部就班地进行，确保每一步都得到落实。这不仅可以确保项目的顺利推进，还可以避免由于冲动或盲目行动而导致的错误和资源浪费。在每个关键节点，都需要对项目进展进行检查和评估，确保其与原定计划相符，对于出现的偏差和问题，要及时调整和修正。这种有序推进的方式，既可以确保项目的质量，也可以有效提高工作效率。

（三）筹集资金，确保投入

筹集资金是项目得以顺利开展的前提。没有充足的经费，再好的规划也难以落地。对于高校而言，素质拓展训练基地建设的资金来源可以多样化。除了学校的财政预算之外，还可以考虑社会捐赠、企业合作、政府补助等多渠道筹资。例如，高校通过与企业合作，可以为企业提供一定的命名权或广告展示机会，以此吸引其投资；与此同时，政府对于高等教育的支持也是一个不可忽视的资金来源。

高校应注意将筹集来的资金，真正用于素质拓展训练基地的项目建设之中。资金使用需要透明，每一笔支出都要有明确的去向和用途。各项支出，应该经过严格的评估和审核，确保资金的高效利用。只有这样，筹集到的资金才能真正发挥其价值，支持高校素质拓展训练基地的建设。

（四）加强培训，充分利用

加强培训，实际上是提升师资队伍的专业能力与教学质量的关键步骤。培训应当全面，涵盖教育理念、教学方法、安全知识等多个方面。只有教师具备了足够的专业知识和实践经验，他们才能更好地指导学生，确保训练效果和学生的安全。例如，对于一项新的户外活动，除了对教师进行活动的基本技能培训，还需要对活动可能出现的风险进行评估，并对教师进行相应的应急处理方案培训。通过这样的培训，教师能够确保活动的平稳进行，同时也能够在突发情况下迅速、准确地做出反应。

除日常教学之外，高校还可以利用素质拓展训练基地举办各类活动，如夏令营、冬令营、体验营等，进一步扩大其服务范围。同时，基地的开放性也意味着其可以吸引更多外部资源，如与企业、社区等进行合作，共同为学生提供更丰富、更高质量的训练资源。此外，基地也可以作为一个研究与实践的场所，邀请教育研究者、专家来此开展研究，分享经验，进一步提高教育质量。

第三节　素质拓展训练课程的硬件设施

素质拓展训练是一种综合性的训练，它涉及多方面的培训内容，包括团队合作、领导力、沟通技巧、问题解决能力等。为了实现这些目标，素质拓展训练需要相应的硬件设施和软件设施作为支撑。其中硬件设施主要包括训练场地、障碍与道具、运动器材、安全设备、多媒体与音响设备等。

一、训练场地

（一）训练场地的类型

高校素质拓展训练的场地选择对于课程效果至关重要。合适的场地不仅能增强训练效果，还能根据不同的环境模拟出特定的情境，让学生得到更为真实的体验。具体来看，大学生素质拓展训练场地根据其特性，大致可以分为以下几种类型。

1. 自然环境下的野外大学生素质拓展训练场地

这种场地主要存在于自然环境中，例如，炎热的沙漠或寒冷的雪地。野外的真实环境对学生的心理和身体都会产生不同的影响和挑战，这种场地能够帮助学生更好地应对未知的环境，培养他们的应变能力和心理素质。

2. 自然环境与人造环境相结合的户外大学生素质拓展训练场地

这种场地在自然环境的基础上，加入了人为设置的障碍或任务。这样既能保持自然环境的真实感，又能根据教学需要对场地进行调整，使之更具有教学意义。

3. 人工建造的大学生素质拓展训练场地

这是一种完全基于人为设计的场地，通常位于学校或其他教育机构内部。由于其是完全的人造设施，其布局、设施和障碍等都可以进行精细的调整，以满足教学的特定需求。在我国，这种场地目前是较为常见的。

4. 校园场地

这种场地直接利用学校现有的地形和设施，如运动场、草坪、空地等，进行简单的改造或设置，以满足拓展教学的需求。这种场地通常更为经济和实用，也更容易得到学校的支持。具体来说，学校素质拓展场地的建设主要包括以下几种。一是以学校为主体进行建设，由基建部门负责，学生处管理。这种场地主要服务于学生的素质拓展课程，保障学校教育目标的实现。二是与社会需求相结合，学校与外部培训机构合作建设，并以班级为单位开展教学。三是选择风景优美的地区进行建设，或选择野外地形进行训练。这种场地的环境复杂多变，安全性十分重要，因此必须由经验丰富、具有专业资质的培训师进行指导，并且在正式使用前进行多次考察。

选择合适的拓展训练场地，能够更好地帮助学生从中获得宝贵的经验，提高他们的综合素质。每一种场地都有其独特的特点和价值，学校在选择时，应根据自身的条件和学生的需求，进行综合考虑。

（二）训练场地的选择与建设

高校素质拓展训练场地的选择与建设，直接影响到训练活动的实施与效果。选择合适的场地不仅能使训练更具针对性和有效性，还能保障参训者的安全和舒适。因此，在选择和建设训练场地时，高校应重点关注以下内容。

1. 多功能性

素质拓展训练的场地应该能够支持各种活动，如团队合作、挑战任务、沟通与交流等，因此其设计应具有多功能性，能迅速适应不同的训练需求。多功能性的训练场地，可以确保教师在设计和执行训练计划时，能够更加自由地发挥创意，打破传统的训练模式，让学生在多种场景和环境中体验和学习。这种多样化的学习体验可以极大地促进学生的全面发展，增强他们的适应能力和解决问题的能力。相比于单一功能的场地，多功能性的场地能够满足更多的需求，这意味着学校在场地的投资上可以获得更高的回报，而学生也能够获得更加丰富和多样的训练体验。

2. 宽敞与适应性

素质拓展训练的场地应足够宽敞，确保各项活动可以同时进行，且不会互相干扰。如果一组学生正在进行团队建设的挑战游戏，而另一组学生正在场地的另一角进行沟通训练，场地的宽敞性就可以保证这两组学生能够不受彼此影响地进行各自的活动。同时，宽敞的场地也可以为教师提供足够的空间来观察、指导和干预学生的言行举止，使得教学和指导的过程更加顺畅。

此外，场地的地形和环境应当可以适应各种天气条件，使训练能够在多种环境下进行。因此，在设计和选择训练场地时，高校应当充分考虑各种可能的天气和环境条件，并根据这些条件选择合适的地形、材料和结构。在建设过程中，高校可以考虑利用现代技术，如可调节的遮阳设施或加热系统，来进一步提高场地的舒适性。同时，根据活动的需求来规划场地的大小和布局，确保宽敞的空间可以满足多种训练活动的需求。

3. 交通便利性

训练场地应选择在条件交通便利的位置。这不仅方便参训者，还有助于紧急情况下各方的快速响应。如果出现紧急情况，如突发的伤病或其他意外，交通便利的场地使得医疗人员或其他紧急响应团队能够迅速到达现场，为受伤的人提供及时的医疗救助。这有助于增加训练活动的安全性。

因此，在选择场地时，高校应将其位置与城市或地区的主要交通干线相对照，确定其是否与主要的公路、轨道交通或公共交通路线相邻或接近。考察当地的交通流量和交通状况也很重要，这有助于评估在高峰时段到达或离开训练场地的难易程度。此外，场地周边应有足够的停车场所、卫生间、更衣室等配套设施，确保参训者的基本需求得到满足。

（三）场地建设的基础条件

由于目前国内的素质拓展训练基地建设状况良莠不齐，难以实现规范和统一，所以我国确立了统一的标准来确保参与者的安全与训练效果。安全永远是首要的考量因素。素质拓展训练场地必须达到一定的安全系数。为此，基地建设应参考国家体育总局出台的《体育场所开放条件与技术要求》（GB 19079）第 19 部分（拓展场所）和国际登山联合会等权威机构认证的户外拓展器械标准。这些标准不仅为场地提供了设计方向，还可以确保场地的安全性。在建设素质拓展训练的场地时，关于设施设备的材料，如主立管、钢丝绳以及各种零部件等都有其各自明确的承重和抗拉标准，高校应严格遵守这些标准，以确保场地的坚固与耐用性。此外，在使用过程中也必须保持其性能，不能因为长时间的使用或外界因素导致其性能有所下降。所以，日常的设施维护也是十分必要的。在安全条件方面，从拓展设施设备的外观设计、材料选择到实际的使用过程，高校也都应充分考虑参与者的安全。例如，为了避免参与者在高空活动时的滑倒风险，设备的踩踏面应具备一定的防滑性能。此外，为保证使用者的安全，各种连接器、紧固件也都需要经过严格的测试和验证，确保其在使用中的稳固性。

二、障碍与道具

障碍与道具在素质拓展训练中起着至关重要的作用。它们不仅能够增加训练的难度和趣味性，还能够帮助参与者锻炼身体、培养团队协作能力、提高心理素质和应对真实挑战的能力。为了确保训练的效果，训练组织者应该根据训练目标和参与者的特点，合理选择和设计障碍与道具。

（一）障碍

障碍是为了增加训练难度和挑战性而设置的物理障碍物，通常需要参与者用身体或通过团队协作来克服。

在素质拓展训练中，参与者在克服障碍的过程中，可以强化其身体素质。某些障碍需要参与者通过跑、跳、爬、扶等才能避开或突破，因此，在这一过程中，参与者的力量、敏捷性、平衡感和耐力能够得到锻炼。此外，障碍也是挑战参与者心理极限的工具。通过克服这些障碍，参与者可以培养出强烈的毅力、自信心和抗压能力。面对高墙或泥潭这样的障碍时，仅凭身体力量往往是不够的，更重要的是心理上的决心和勇气。在成功克服障碍后，参与者往往能获得巨大的成就感和自我价值的认同，这些都有助于他们在日常生活和工作中更加自信地面对各种挑战。同时，障碍还能为团队创造一个共同经历和记忆。当团队成员通过共同努力、相互扶持来克服障碍时，他们之间的关系会变得更加紧密，团队的凝聚力和合作能力也会得到显著提升。这样的经历可以帮助团队成员建立更深的信任，形成一个更加团结和高效的团队。

在素质拓展训练中，常见的障碍类型有高墙、爬网、泥潭、秋千、绳桥、平衡木等。在克服这些障碍的过程中，参与者往往能够有所成长，获得宝贵的经验和教训。教师可根据具体的实施项目，选择合适的障碍物。

（二）道具

道具是用来辅助进行素质拓展训练活动的工具或物品，它们可以是固定的，也可以是移动的。

在素质拓展训练中，道具可以被视为辅助障碍的一种工具。某些道具可以与障碍结合使用，如绳子、梯子等，帮助参与者更好地克服障碍。还有的道具是为了增加游戏的趣味性和参与度而设计的，如各种球类、标志物等。有些道具也可以模拟真实的工作或生活情境，帮助参与者更好地应对真实环境。常见的道具类型有绳子、球、棍、标志物、滑板、指南针、地图等。

三、运动器材

在素质拓展训练中，运动器材主要锻炼参与者的各种能力。这些器材通常涉及力量、敏捷性、协调性、平衡和团队合作等方面的训练。例如，攀爬网、滑索、障碍跑道等，这些器材让训练更为丰富，让参与者在应对挑战的同时，能锻炼身体各项功能。而模拟器械，如模拟崖壁、模拟河流等，为参与者提供了一种接近真实环境的体验，使他们能够在相对安全的环境中感受真实环境下的压力和挑战。当然，运动器材的选择、采购和使用都需要基于安全性和实用性的考虑。器械的材料、制造工艺和质量控制都直接关系到参与者的安全。为此，许多训练机构和高校会优先选择那些经过权威机构认证的高品质器械，并定期进行维护和检查，以确保器械始终处于最佳状态。

四、安全设备

素质拓展训练强调对参与者全面的身心锻炼，而在这样的训练中，安全始终是首要考虑的因素。安全设备，作为确保参与者在训练中不受伤害的关键工具，其重要性不言而喻。高强度或高风险的素质拓展训练往往伴随着一定的风险，而安全设备的存在就是为了最大限度地降低这些风险。例如，攀爬活动中的安全带和头盔可以在意外发生时保护参与者免受重伤；滑索训练中的滑轮和护手套可以确保滑行过程的顺畅和手部的保护；而专门的绳索、防摔垫、安全网等，也都是为了确保参与者在活动中的安全。

然而，安全不仅仅是依赖设备。设备的正确使用方法和定期的维护检查也是至关重要的。例如，如果没有正确佩戴安全带，或者头盔佩戴得过于宽松，都可能在关键时刻失去其保护作用。因此，对参与者进行相关的设备使用培训和提醒是每一个素质拓展训练项目开始前的标准程序。此外，设备的定期维护和检查同样不容忽视。一个看似微不足道的损伤，如安全带的微小裂痕或头盔的细微缺口，都可能在关键时刻导致设备的失效。因此，确保所有安全设备都处于良好状态是确保训练安全的基础。

五、多媒体与音响设备

在现代的素质拓展训练中，多媒体与音响设备的应用已经变得非常普遍，它们可以为训练的实施增添色彩，同时也有助于更高效、有趣地达到培训的目标。

多媒体设备在素质拓展训练中有着广泛的应用。例如，投影仪和屏幕常常被用于培训的开场、解说或是课后总结。通过图像、视频或动画的展示，参与者可以更直观地理解训练的目的、步骤或是要点，从而更深入地投入活动中。此外，多媒体内容如电影片段或动画视频，也能够引导参与者进行反思和讨论，进一步深化他们的学习体验。

音响设备在素质拓展训练中同样扮演着不可或缺的角色。一个合适的音响系统不仅可以确保讲解和指导清晰可听，还可以在特定的环节中为参与者创造出丰富的听觉体验。例如，背景音乐能够为某些活动创造出紧张、轻松或振奋人心的氛围，从而调动参与者的情绪，使他们在训练中更加投入。此外，音效也常被用于模拟某些实际场景，如雨声、交通噪声等，帮助参与者更好地融入模拟的情境。

当然，这些多媒体与音响设备的应用并非单纯为了娱乐或是装点门面。恰当地使用这些多媒体设备和音响设备能够使训练内容更加生动形象，能够增强参与者的感知和体验，使他们更容易接受和消化培训的内容。此外，多媒体内容和音响效果还能激发参与者的创意和思考，为他们提供更多的启示和灵感。

第四节　素质拓展训练课程的软件设施

素质拓展训练不仅依赖于实体的硬件设施，也越来越受益于数字技术和软件设施。这些软件设施可以为训练的组织、实施和效果评估提供便捷和创新的工具。这里的软件设施，并非指传统意义上的物质形态的设施，而是泛指那些非物质的、可以培养和激发学员潜能的因素，例如，环境氛围、课程设计、专业培训师等。

一、环境氛围

一个适宜的环境氛围可以促使学员更加积极地参与，更加深入地体验素质拓展训练课程，并且在课程中更加愿意分享自己的想法和感受。它是一个无形的力量，渗透在每一个训练活动和每一次互动中，深深地影响着学员的学习态度、参与度和取得的学习效果。

在素质拓展训练中，环境氛围能够激发学员的好奇心、创造力和合作精神。当学员感到舒适、被尊重并受到鼓励时，他们更有可能主动参与，更愿意尝试新事物，更敢于表达自己，也更加乐于与他人合作。相反，一个压抑、紧张或过于正式的环境可能会让学员产生逃避心理或抵触的情绪，这无疑会影响他们的学习效果。

高校在组织素质拓展训练时，应该深刻认识到环境氛围的重要性，并采取相应的措施来营造一个积极、和谐、支持性的学习环境。具体而言，素质拓展训练教师的角色至关重要。他们不仅要熟悉教学内容，还要懂得如何与学员互动，如何鼓励学员，如何处理学员之间的冲突，以及如何通过语言、行为和互动营造积极的氛围。此外，高校还可以考虑利用多媒体、音响、灯光等设备来辅助营造环境氛围。例如，选择轻快的音乐、温馨的灯光、鲜艳的色彩，或是布置一些与训练主题相关的装饰物，都可以帮助学员放松心情，进入学习的状态。高校还应该注重学员的反馈，及时调整环境氛围，使其更加贴近学员的需求和感受。经常性地收集学员的意见和建议，听取他们的声音，是不断优化环境氛围、提高训练效果的关键。高校应该注重学员的反馈，及时调整环境氛围，使其更加贴近学员的需求和感受，努力为学员营造一个积极、和谐、支持性的学习环境。

二、课程设计

课程设计是根据教育目标、学生特点、教学内容和方法等多方面因素，有计划、有系统地对教学过程进行组织、安排和指导的活动。它涉及学习目标的设定、内容的选择和组织、教学方法和技巧的应用、评估与反馈机制的建立等多个方面。在素质拓展训练中，课程设计不仅决定着学生能否收获所需的技能和知识，还影响着学生的参与度、体验和满意度。一个恰当、有趣且富有挑战性的课程设计可以吸引学生的兴趣，激发他们的积极性，促使他们深入参与和思考。它可以帮助学生在实践中体验到成功的喜悦，增强他们的自信心和自主性。同时，一个优质的课程设计还可以引导学生进行深度的反思和总结，帮助他们更好地将所学与实际生活相结合，从而促进其综合素质的提高。相反，一个粗糙、单调或与学生需求不符的课程设计可能会使学生失去兴趣和动力，甚至产生反感和排斥的情绪，从而导致训练效果大打折扣。

对于高校而言，课程设计是一项严肃的任务。在进行课程设计时，高校应充分考虑学生的需求和特点，确保课程内容既有深度又有广度，既有知识传授又有实践体验。此外，高校还应注重课程的趣味性和挑战性，以保持学生的学习兴趣和动力。在课程设计过程中，高校还应积极引入多元化的教学方法和技巧，如案例分析、角色扮演、小组讨论、实地考察等，以丰富学生的学习体验，增强课程的吸引力。同时，高校应建立健全评估与反馈机制，不断优化课程内容和方法，确保课程设计始终与学生的需求和发展相适应。

三、专业培训师

专业培训师具有专业知识和丰富经验，能够指导参与者完成活动，帮助他们理解与反思。作为引导者、指导者和教育者，他们的专业能力、经验和态度将直接影响到训练的效果。

专业培训师的重要性首先体现在他们对课程内容的掌握程度上。他们不仅深入理解理论知识，还具备丰富的实践经验，能够结合学生的具体情况为其提供有针对性的指导。此外，专业培训师还懂得如何调动学生的积极性，激发其学习兴趣，从而使学生在训练中更加投入。再者，专业培训师在处理突发情况、解决问题、调解矛盾等方面也具备出色的能力。他们能够迅速做出决策，确保训练的顺利进行，同时还能为学生提供心理支持，帮助其克服恐惧、挫败等负面情绪，从而更好地参与到训练中。

对于高校而言，选择并培养专业培训师是提高素质拓展训练效果的关键。高校应建立严格的师资选拔和培训机制，确保每位培训师都具备足够的专业素养和实践经验。此外，高校还应为培训师提供持续的学习和发展机会，鼓励他们参与研究、交流、培训等活动，以不断提高其教育教学水平。同时，高校还应注重培训师的职业道德和心理素质培养，确保他们在教学过程中始终保持公正、公平的态度，对每位学生都给予关心和支持，为其创造一个宽松、友好的学习氛围。

实践案例：

江苏财经职业技术学院素质拓展训练基地建设方案

一、项目建设背景与可行性分析

（一）项目建设背景

2020年中共中央、国务院出台的《关于全面加强新时代大中小学劳动教育的意见》文件中提到，要大力拓展实践场所，满足各级各类学校多样化劳动实践需求。要充分利用现有综合实践基地、青少年校外活动场所、职业院校和普通高等学校劳动实践场所，建立健全开放共享机制。[①]习近平总书记在党的二十大报告中强调，要“落实立德树人根本任务，培养德智体美劳全面发展的社会主义建设者和接班人”[②]。

由此可见，劳动教育已成为学生全面发展中必不可少的组成部分，是学生健康成长的必要途径，对树德、增智、强体、育美具有重要的育人价值。高职院校作为培养实践性人才的职业类院校，关于开展劳动教育，有着得天独厚的优势。江苏财经职业技术学院是省级示范性高等职业院校，也是江苏省中国特色高水平职业学校建设单位。学校党政领导高度重视学生职业素养和社会竞争力提升，不断加大对学生素质拓展训练中心的经费投入，并出台了多项校级层面的制度来保障拓展中心各项事业的快速发展。过去的几年，素质拓展中心为地方各级政府、企事业单位和中小学培训100余场，人数达到万人，国内众多媒体开始关注我校素质拓展中心，同时也相继报道了基地的多个工作动态。例如，国内知名网站“中国网”“江苏新闻网”“搜狐网”“新浪网”“扬子晚报”“淮

---

① 中共中央，国务院．中共中央 国务院关于全面加强新时代大中小学劳动教育的意见[J]. 河南教育（基教版），2020（5）：4-7.

② 习近平．习近平在中国共产党第二十次全国代表大会上的报告[J]. 四川教育，2022(21)：2，49-50.

安日报”“淮海晚报”“淮安电视台”“淮安电视报”等，切实提高了学校的社会声誉。

（二）项目建设意义

建设大学生素质拓展训练中心适应了我国职业教育改革的要求，满足了江苏省新时代高水平特色职业学校建设的需要，对提升学生职业素养及其社会竞争力，具有重要而深远意义。

符合高职院校人才培养目标的需要。根据高职院校 AB 类型的定位，江苏财经职业技术学院主要是培养适应生产经营与服务第一线需要，适应国际竞争需要，适应终身发展需要的德智体美劳全面发展的技术应用型人才和高技能型人才。高职院校学生不仅需要掌握广泛的理论知识和高超的操作水平，还需要具备社会适应能力、吃苦耐劳的精神和强烈的竞争意识。体验中心是由团队组建、感恩教育、挑战自我、团队竞赛等多个项目构成的集合体，开设体验式教育对学生团队合作意识的培养、坚忍能力的锻炼以及竞争意识的保持具有重要的理论指导作用。

适应新时代高职教育发展的需要。2018 年全国教育大会、2020 年党中央、国务院出台的《关于全面加强新时代大中小学劳动教育的意见》及中共江苏省委、江苏省人民政府颁发的《关于全面加强新时代大中小学劳动教育的实施意见》等会议和文件对劳动教育提出了明确目标和实施路径。在当今社会高速发展的新形势下，如何提高学生的劳动意识、劳动技术和劳动技能，是当前及今后高等教育人才培养工作中必须着力解决的问题。实施体验式教育为教育发展提供了一个良好的机遇，可以促使高职院校教育工作者积极思考并建构能够提高在校学生综合素质的先进教学模式。实施体验式教育是教育发展自身的需要，同时也为教学提供了一个很好的载体。抓好大学生职业素养拓展体验培训，就抓住了大学生学习成才、实现自身价值，服务社会、报效祖国这样一个根本需求，就能够增强学生对劳动教育的吸引力。

符合高职院校新时期教育改革的需要。目前高职院校注重专业知识、技能的训练，而忽视了育人的一面，也就是人们常说的“重智轻育”。当今的学生多半是“00后”（2000年及以后出生），由于缺乏困难的考验，学生的意志相对薄弱，一旦遭受挫折，往往情绪消沉，甚至一蹶不振。体验式教育打破了传统的教育模式，作为一种全新的体验式教学方式，其进行的教学方面的改革与创新，是对传统教育的全面提炼和综合补充，弥补了“重智轻育”的现状。

符合提高大学生心理健康水平的需要。现代社会是一个充满竞争的社会，对人的心理素质提出了更高的要求。如果一个人不具备良好的心理素质，其不仅难以胜任具有挑战性的工作，而且即便自身具备一定的知识和能力，也会因心理原因而无法充分施展。素质拓展训练在培养人的健康心理素质方面显示出特有的价值。其能有效促进大学生的自我认识能力、人际关系能力、自我监控能力等；能有效调节大学生的紧张情绪，缓解心理上的紧张压力，形成合理的心理应对机制；能促进大学生的全面发展。

（三）项目建设规划与布局

1. 软硬件系统及配套设施

硬件建设任务：整体办公场所、场地建筑面积约6000平方米，基本完成场地装修和实验室文化布置。

器材设备包括重点引进设备和自主研发专利设备，其中重点引进设备主要有空中断桥、空中单杠、天梯、合力桥、浮云（泸定）桥、绝壁求生、独木桥、相依共进、空中越障、天使之手、马踏飞燕、极限冲击（速降）、空中梅花桩、云梯、毕业墙、信任背摔、模拟电网、罗马战车、越障、穿越沼泽、孤岛求生、浪木、横木、拇指王、梅花桩、地雷阵、平衡阶、全身安全衣、半身安全衣、振动器、主锁、主绳、头盔、钢锁、快挂、扁带、防护垫、安全保护滑车、保护专用紧销锁、攀岩墙、空中十连环、真人CS卡宾枪。自主研发专利设备主要有多功能救生双节棍、可移动式背摔台、一种组合型火灾逃生体能拓展训练器材、一种用于户外拓展训练的安全箱、一种用于素质拓展训练的体育设施、一种用于体育健身的训练装置、一种用于素质拓展训练荡桥架。

2. 项目建设布局

大学生素质拓展训练中心部分区域布局（图 4-5）

（a）　（b）　（c）　（d）

（e）　　　　　　　　　　（f）

图 4-5　大学生素质拓展训练中心部分区域布局

（四）保障措施

1. 组织保障

成立项目建设领导小组、工作小组、监控小组。领导小组根据学院的中心建设发展需求，研究、制定人才发展规划、政策和措施。对项目建设实施中的重大问题做出决定及部署，研究制定保证项目顺利完成的各项政策及措施。工作小组下设具体项目组。责任落实到人。加强对项目建设的领导、监控，及时协调解决项目建设中遇到的困难和问题，为项目建设提供组织保障。领导小组组长由学校分管教学副校长担任，领导小组成员为教务处处长、学生处处长、基础教学部主任，以及各二级学院院长，全面负责平台建设的重大事项，及时协调解决项目建设中遇到的困难和问题。领导小组下设办公室，统筹落实建设任务，邀请省内外专家组成专家咨询团队，加强对项目建设的指导。工作小组办公室由体验中心主任、各二级学院教师、亮剑公司负责人组成，具体负责项目的具体实施。

2. 人员保障

组建项目团队，制订培训计划，对项目负责人和团队成员进行项目管理、实施培训，提高项目负责人对项目的整体操作能力，及时跟踪项目进展，有效控制项目计划和预算，提高质量控制意识，降低项目风险，最大限度地发挥建设项目的效应。在项目建设中，团队成员明确自身在项目建设中的职责，提高团队成员的工作效能，增强团队成员的合作精神和凝聚力，营造团队和谐高效的工作氛围，确保项目的顺利实施。

3. 经费保障

为保障协同创新项目的顺利申报与执行，学校将平台建设经费列入年度预算，以保证建设需要以及后续正常运作，并积极争取获得地方财政专项支持，确保协同创新项目高效运转。

4. 制度保障

按照相关政策文件要求，制定学校相关管理办法，坚持统一规划、管理、实施、督查、分项验收原则，从资金管理、项目建设与管理、项目招标采购、督查与审计、成效绩效考核等各方面完善制度体系。

二、素质拓展训练中心安全保护措施

（一）活动前准备

（1）明确活动目标和内容，选择合适的活动项目。

（2）对活动场地进行全面的安全评估，并建立详细的活动场地平面图。

（3）制订详细的活动方案，包括活动流程、人员配置、装备配置等。

（4）组织活动成员参加相关培训，提供必要的安全知识和技能。

（二）素质拓展活动风险评估

（1）对各个活动项目进行全面、细致的风险评估，及时发现潜在的安全隐患。

（2）制定相应的风险控制措施和应急预案，确保教师能够有效应对活动过程中出现的各种突发状况。

（3）在活动开始之前，进行全员培训，加强对风险控制和应急预案的宣传和教育。

（三）活动现场安全管理

（1）建立严格的活动现场安全管理制度，明确责任人及其职责。

（2）检查和确保所有器材的安全性能，并对重要装备进行检修和维护。

（3）建立有效的活动现场安全警示标识，提醒活动参与者注意安全。

（4）防止人员滞留、聚集等不安全现象的发生，保持现场的整洁和秩序。

（四）应急救援措施

（5）建立完善的应急救援队伍，提供救援培训和技术支持。

（6）设立急救站和急救点，配备必要的急救设备和药品。

（7）明确各类安全事故的应急处理措施，制定应急预案，并进行全员演练。

第五章　高校素质拓展训练课程教学体系

高校素质拓展训练课程，要以体能活动为引导，以心理挑战为重点，以人格完善为目的。教师在开展素质拓展训练课程的教学活动时，不仅要做好前期的准备工作，还要注重学生在活动中的真实体验与感悟，使学生能够在面对困难和问题时，学会解决问题的方法，增强克服困难的信心和勇气。

第一节　课程教学前期准备

为实现预期的教学效果，确保拓展训练课程的结构既科学又严密，具有一定的可实施性，教师在实施拓展训练项目之前，必须进行充分的准备工作。素质拓展训练课程教学的前期准备是确保训练能够顺利且高效进行的基础。前期准备不仅关乎课程内容和设施，还涉及教师和学生的心理状态、参训目标以及教学环境的营造。

一、课程内容的准备

教育者需要根据学生的需求和背景，对课程内容进行细致的规划和设计，确保它既有深度又有广度。例如，针对艺术专业的学生，可能会在创意思维和团队协作上进行重点培训；而对于理工科学生，则可能侧重于解决问题的能力和跨学科的整合思考。深度意味着课程要能触及学生的内心，使他们真正受益；广度则要求课程内容要有足够的涵盖面，而不是局限于某个狭窄的领域。在这个过程中，教育者可以引入多元的教学方法和资源，如案例分析、小组讨论、实地考察等，来丰富课程内容，确保课程内容既有广度又有深度。

此外，训练内容还要与学生的实际经验和生活联系起来，确保它们是相关且实用的。素质拓展训练并不仅仅是理论的灌输，更重要的是要使学生能够将自己的所学应用于实际，从而真正实现素质的提高。因此，在设计课程内容时，教育者需要确保其与学生的实际生活和未来的职业规划紧密相连。

二、设备和物资的准备

充分、及时的设备和物资准备对于实现课程目标、增强学习体验、保障学生的安全、高效地开展素质拓展训练都具有至关重要的作用。任何所需的教学辅助工具、器材、安全设备等都应提前准备好，确保在教学过程中不会出现因设备问题而导致的中断或延误。

每一个训练项目都有其特定的设备需求。比如，团队协作的活动可能需要绳索、指南针或其他团队活动设备，而公共演讲训练可能需要麦克风、扬声器和投影仪等。因此，在开始训练前，教育者需要根据课程内容仔细审查设备和物资清单，确保所有必需的设备都能提前准备好。

考虑设备的质量和安全性也是非常关键的。特别是在进行户外或体力活动时，使用不合格或破损的设备可能会对学生造成伤害。因此，所有的设备和物资都需要定期进行检查和维护，确保它们在使用过程中的稳定性和安全性。教育者也应确保所有参与者都熟悉所使用的设备，在正式开始训练前，可能需要为学生提供一些简单的设备操作培训或演示，让他们了解设备的使用方法和安全须知。此外，在实际操作中，设备可能会出现故障或物资可能会被意外损坏。为了确保训练的顺利进行，准备一些备用设备和物资是比较明智的做法。

设备和物资的准备不仅要考虑数量和种类的充足，更要注重其质量和安全性，确保每一个参与者都能在一个安全、有效的环境中进行学习和实践。这样的细致准备不仅能帮助学生更好地达到学习目标，也能为教育者自身带来更高的教学满足感。

三、教师的个人准备

在知识和技能方面，教师自身也要对课程内容有深入的了解。这不仅包括课程的基础知识，还包括与之相关的最新研究成果和实践方法。这种深入的了解可以使教师在课堂上游刃有余，并且能进行教学创新，使他们可以根据学生的需要和反应进行调整。然而，仅仅掌握知识是不够的。教师还需要具备良好的教学技能，比如如何有效地传授知识、如何激发学生的兴趣和参与度，以及如何处理课堂上的各种突发情况。这也意味着教师需要经常参与教育培训和工作坊，以更新和完善自己的教学方法。

除了知识和技能，教师的心态和态度也至关重要。素质拓展训练很大程度上依赖于教师和学生之间的关系。教师需要展现出关心和尊重学生的态度，创建一个鼓励学生自由表达、提问和探索的环境。这样的关系建立需要教师具备良好的人际交往能力，并持续地进行自我反思和调整。此外，对于任何专业教师来说，持续的自我成长都是必不可少的。无论是在学术研究、教育实践还是个人成长上，教师都需要不断地学习和更新。这不仅可以帮助教师跟上时代发展步伐，更能为学生提供一个积极、前沿的学习环境。

第二节　课程教学内容设置

在高校素质拓展训练课程教学体系中，教学内容设置占据着十分重要的位置，它与学校的教学理念、学科特点与学生需求有着紧密的联系，会直接影响素质拓展训练教学效果的好坏。如何将学生的需求与时代的发展趋势相结合，如何在课程中融入实践与理论，如何激发学生的主观能动性，都是高校在设置素质拓展训练课程时要深入探讨的问题。

一、素质拓展训练课程教学内容设置的依据

为进一步培养学生的综合素质和能力，高校素质训练训练教学内容的设置应以教育政策和指导方针、学校的教育理念、学科特点为依据，从而为素质拓展训练教学内容的设置提供一定的方向和参照，确保素质拓展训练课程真正实现良好的效果。

（一）教育政策和指导方针

教育政策通常由国家或地方教育主管部门制定，它为高校的教学活动提供了明确的方向和框架。这些政策不仅包括教育的基本目的和目标，而且还可以为教学内容、方法和评价提供指导。教育政策能够确保各教育机构之间的统一和标准化，使得教育成果可以在更大范围内得到认可。指导方针则进一步明确了教育政策的具体实施要求和方法。它们通常围绕教育内容的设置、课程的结构和教学方法进行细化，为高校提供了具体的操作指南。这些方针帮助高校明确哪些内容是核心内容，哪些方法是可使用的，以及如何有效地实施这些内容和方法，以确保教育质量和效果。因此，当高校设置素质拓展训练课程的教学内容时，应当严格遵守国家和地方的教育政策以及相关指导方针，确保素质拓展训练的课程

内容与国家的教育目标和要求相一致，从而更好地满足学生和社会发展的需求。

（二）学校的教育理念

学校的教育理念，对于教育行为和决策具有深刻影响。它不仅是学校的教学、研究和服务的导向，而且在很大程度上决定了学校对教育目标、方法和评价的认知和选择。因此，当高校设置素质拓展训练课程的教学内容时，应以学校的教育理念作为重要的参考依据。

不同的教育理念通常对人的成长、学习和发展有着不同的认识。例如，以学生为中心的教育理念强调学生的主体性、自主性和创新性，鼓励学生积极参与、探索和实践，这样的学校在设置素质拓展训练课程时，可能更倾向于设计富有挑战性、开放性和探索性的课程内容，鼓励学生通过实践、反思和合作来获得成长和进步。而注重传统文化和价值观的学校，则可能更注重传承和弘扬传统文化、强化道德教育和人文素养，它们的素质拓展训练课程可能更多地融入传统文化元素和价值观念。此外，学校的教育理念还决定着课程的目标和重点。如果学校强调学生综合素质的培养，那么它的素质拓展训练课程可能更加平衡和全面，注重学生的身心、智力、情感和社会能力的协调发展；而如果学校更注重学术研究和专业技能的培养，那么它的课程可能更加偏重培养学生的学术研究能力和专业技能。因此，高校在设置素质拓展训练的课程内容时，必须深入理解和准确把握其教育理念，确保课程与学校的教育目标和要求相一致。

（三）学科特点

在高等教育机构里，学科特点是对学术领域内部结构和内容的一种精细划分和描述，它体现了该学科的核心理念、研究方法和知识结构。当高校考虑如何设置素质拓展训练课程的教学内容时，学科特点是不可忽视的重要依据。

不同学科的特点意味着学生在学习过程中会接触到不同的知识体系、思维方式和实践经验。例如，工程类的学生可能更多地与实际的项目和实验打交道，而文学或艺术类的学生则可能更多地参与创作和鉴赏活动。这样的差异不仅影响了学生的知识和技能的培养，还影响了他们的价值观、人生观和世界观的形成。因此，当高校为不同学科的学生设置素质拓展训练课程时，需要充分考虑学科的特点和需求，这可以确保课程内容与学生的专业学习是相辅相成的，从而更有针对性地提高学生的综合素质和能力。例如，为理工科学生设计的素质拓展训练课程可能更多地强调团队合作、创新思维和实际操作能力的培养，而为社会科学或人文科学学生设计的课程则可能更多地注重批判性思维、沟通技巧和文化素养的提升。而对于医学或健康科学专业的学生，课程内容可能更多地关注患者关系管理、伦理和职业道德等方面。在这个过程中，高校还需要与各专业的教师和学者紧密合作，听取他们对课程内容的建议和意见，确保课程设置既满足学科的特点，又能满足学生的需求和期望。

二、素质拓展训练课程教学内容设置的原则

为了更好地发挥素质拓展训练的作用，教育者必须深入研究其教学内容设置的原则，确保教学内容既能满足学生的实际需求，又能顺应时代的发展潮流，充分体现教育的前瞻性和创新性（图 5-1）。

图 5-1　素质拓展训练课程教学内容设置的原则

（一）实践性原则

实践性原则是指将理论知识与实际操作、体验紧密结合，使学生在动手实践中获得知识和技能。在现代教育理念下，单纯的理论传授往往难以使学生形成深刻的理解以及进行真实的应用。因此，实践性原则是开展各项教育教学活动的基础原则。作为实践性较强的一门学科，素质拓展训练的核心目的在于培养学生的综合素质，而不仅仅是进行理论知识的传授。通过实际的体验和实践，学生可以更加深入地理解理论知识，将其转化为实际能力，进而更好地适应未来的生活和工作。此外，实践活动往往能够激发学生的学习兴趣和积极性，使他们更加主动地参与学习，更好地吸收和掌握知识。因此，教师在教学内容的设计上应该强调实际操作和体验。例如，教师可以组织学生参与社区服务、实地考察等实践项目，使他们在实践中培养创新思维以及团队合作和解决问题的能力。同时，教师不应该是知识的传授者，更应成为学生实践活动的指导者和协助者，帮助他们在实践中发现问题、思考问题，最终实现理论与实践的结合，真正实现知识与能力的统一。

（二）适应性原则

适应性原则意味着教学内容和方法应与学生的发展水平、发展需求和发展背景相匹配，确保教育与学生的实际情况和环境相适应。这一原则强调教学不应是固定的或“一刀切”的，而是应该针对不同学生的特点进行个性化的调整。

在设置素质拓展训练课程教学内容时，遵循适应性原则是十分必要的。因为每个学生都是独特的，他们都拥有不同的背景、能力、兴趣和需求。如果教学内容与学生的实际情况脱节，那么教学很可能会变得无效，难以激发学生的兴趣，也不能满足他们的真正需求。因此，教师在设计素质拓展训练的教学内容时，应深入了解学生的背景、能力、兴趣和需求，根据培养目标灵活选用不同的教学内容和方法。比如，为培养学生的创新意识能力，教师可设置商业游戏、冰海沉船、八仙过海等训练项目；为培养学生的沟通能力，教师可设置盲人摸号、情感传递、信任行走等训练项目；为培养学生的团结协作能力，教师可设置信任背摔、电网逃生、全体离地等训练项目；为培养学生的应变能力，教师可设置听数抱团、快速 60 秒等训练项目。

（三）反思性原则

反思性原则是指教育活动后的思考，让学生深入探讨、批判并重新评估他们的学习经验。通过反思，学生能够理解学习这一行为，发现知识的意义，并与自己的生活经验相连接。只有通过深入地思考和反思，学生才能真正地理解和吸收知识，以获得持久的学习效果。更进一步说，反思性原则能够帮助学生发现自己的潜在问题，鼓励他们不断地改进，从而实现自我成长。

因此，教育者可以在教学过程中设计一些能激发学生内省和自我评估的任务。例如，当学生完成一个团队合作的挑战后，可以引导他们思考自己在团队中扮演的角色、他们的贡献以及他们如何与团队成员互动。

这样的思考可以帮助他们更好地了解自己，提高自己的合作能力。除了在任务后引导学生进行反思，教师还可以在活动开始之前引入反思环节。例如，让学生回忆他们之前的相关经历，预测可能遇到的困难，然后在活动结束后回顾这些预测，看看他们的预测是否准确。

三、素质拓展训练课程教学内容设置的策略

教育者应该积极寻找有效的策略，关注学生个人发展、情感与人际关系、思维训练和创新能力等多个层面，为学生提供更加丰富且有深度的学习体验，推动学生朝着全面发展的目标前进。

（一）关注学生的个人发展

教师在设置素质拓展训练课程教学内容时，需要认识到每位学生都是一个独立的个体，他们的兴趣、能力、背景和目标各不相同。因此，为了真正促进每个学生的个人成长和发展，教学内容应具有足够的灵活性和广泛性，使其既能满足大多数学生的共同需求，又能为每位学生提供个性化的学习体验。

教师在设计课程时应从学生的视角出发，思考他们真正关心和需要的内容是什么。通过对话、问卷调查和其他形式的交流，教师可以深入了解学生的兴趣、期望和目标。这种深入的了解促使教师能够为学生提供更具相关性和有意义的学习体验。此外，设置素质拓展训练的教学内容时，教师可以为学生提供多种选择，让他们根据自己的兴趣和能力选择合适的课程内容。例如，一个项目可能有多种解决方案，学生可以选择自己最感兴趣的方法来完成。这不仅可以鼓励学生发展创造性思维，还可以使他们在学习过程中发现和发展自己的特长。同时，教师还应注重培养学生的自我认知和自我评价能力，使他们能够更好地了解自己，明确自己的长处和短处，并根据这些反思调整自己的学习策略。这种自主的学习态度不仅有助于学生在课堂上取得更好的成绩，还能使他们终身受益。

（二）培养学生情感与人际关系

在当今社会，情感和人际关系对于个人的全面发展和取得成功至关重要。因此，教师在设置素质拓展训练的教学内容时，应将培养学生情感与人际关系能力作为核心目标之一。

为培养学生情感与人际关系，教师可以设置一些合作学习的训练项目，鼓励学生通过小组活动、项目合作等方式进行学习。在这些活动中，他们可以学习如何与他人合作、如何倾听他人的意见、如何提出自己的建议，以及如何达成共识。教师还可以加强学生沟通技能方面的培训，培养学生的倾听能力和表达能力，使他们能够更好地与他人沟通，学会倾听他人的观点，理解并尊重他人的感受，以及有技巧地表达自己的意见和需求。教师还可以在教学中选取一些与人际关系和情感管理相关的真实案例，引导学生进行分析和讨论。这不仅可以帮助他们深入了解人际关系的复杂性，还可以让他们学会处理这些问题的方法和策略。

（三）加强思维训练和创新能力培养

在进行素质拓展训练教学内容的设置时，教师应该加强对学生进行思维训练和创新能力的培养。教师应鼓励学生参与各种实践活动，在这些活动中，学生可以直接感受到知识的应用，从而更好地理解和掌握所学内容。同时，面对实际问题时，学生需要动脑筋进行创新思考，以寻找最佳解决方案。当学生面临问题时，教师不应立刻给出答案，而是应指导他们自己去寻找解决方法。这不仅能锻炼他们的思考能力，还能增强他们面对困难的决心和勇气，激发学生的思考兴趣，培养他们的创新精神。

第三节　课程教学实施过程

素质训练课程的教学实施过程涉及从课程计划到实际操作再到课后反思的整个教与学的活动过程。素质训练课程强调学生的主体性、实践性和反思性，目的是通过实际操作和体验来提高学生的综合素质，培养他们的实践能力和创新思维。高校素质拓展训练课程的教学实施过程主要包括体验、感受、分享、总结、应用五个环节（如图 5-2 所示）。这五个环节彼此独立又相互联系，共同构成了体验式的循环过程。

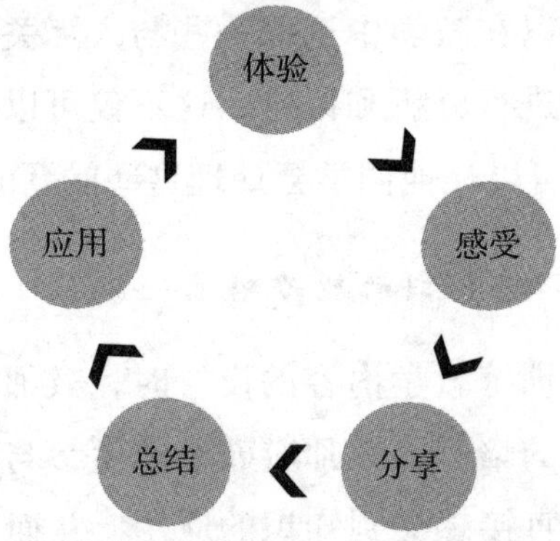

图 5-2　素质拓展训练的实施过程

一、体验

在高校素质拓展训练中，体验不是对某一技能或知识点的简单实践，而是一种深度的、亲身的体验。这种体验方式使学生能够更加深入地理解和感受到教学内容的实质。学生会在拓展教师的引导下，完成某个或某些特定的任务。这并不只是一个简单的完成任务的过程，更重要的是在完成任务的过程中，学生需要自己观察和进行自我表达，并采取行动。

这种方式促使学生在实践中发现问题、寻找策略并解决问题，进而更加深入地理解和掌握知识。这种初步的体验成为了学生学习的基石，也为后续的学习活动打下了坚实的基础。

这种体验方式有助于开启学生的学习兴趣，激发他们的学习热情。因为当学生亲身体验并感受到成功的喜悦或失败的挫折时，他们会更加珍视这一过程，并更加主动地参与到后续的学习中。因此，体验在高校素质拓展训练中，不仅是学生学习的起点，而是引导他们走向深入学习和自我提升的关键一步。

在体验环节，教师首先要根据任务的难易度、实际意义和与学生的相关性设定任务，确保任务既能引起学生的兴趣，又能挑战他们的思维和能力。在体验过程中，教师应细心观察学生的行为和反应，捕捉学生在解决问题时可能出现的困惑和难题，以便在后续的指导和反馈中为学生提供更有针对性的帮助。此外，教师还需要激发学生的学习兴趣和积极性，鼓励他们敢于尝试和敢于面对失败，从而收获成长。

对于学生而言，在体验环节中，首先要全身心地投入其中，真实地体验并感受到任务带来的挑战和压力。他们需要利用所掌握的知识和技能，尝试完成教师给他们安排的任务。在这个过程中，学生可能会遇到各种困难和障碍，他们需要学会与同学合作，充分发挥团队的力量，共同寻找解决问题的方案。同时，学生还应该学会反思，从每一次的尝试和失败中汲取经验，不断调整自己的策略，直至完成任务。

二、感受

感受，本质上是由外部环境的刺激引发的一系列心理活动，它是一种深层次的内在体验。通过感受，人们可以将感觉转化为更深入和更持久的知觉。

在素质拓展训练中，学生通过全身心地投入，从中得到真实而直接的反馈。这样的反馈有其特殊之处：它是全方位的，涵盖了学生的各个层面，从而为学生提供丰富而细致的感知信息。这种感受来源于学生的真实体验，所以具有强烈的生动性和真实性，能够深深打动他们，让这些经历变得难以忘怀。为了使这种感受得到强化，教师应引导学生在体验之后加强反思，对整个体验过程进行深入分析，从而提炼出对自己有价值的启示。这不仅仅是一个学习的过程，更是一个自我认识和成长的过程。通过反思，他们不再满足于表面的体验，而是努力挖掘其背后的深层含义，从而形成自己独特的观点和看法。对此，教师需要为学生营造轻松、愉悦的感受环境，鼓励他们分享和表达自己的感受，同时也要给予适当的指导，帮助他们更深入地理解和反思。教师应当敏锐地捕捉学生的情感变化，及时为他们提供支持，引导他们正视自己的感受，并进行深入思考，从而真正实现从体验中学习、从感受中成长的目标。

三、分享

分享是素质拓展训练实施过程中必不可少的重要环节，可以使整个训练过程更加丰富和深入。在完成一系列的体验之后，学生往往会对所经历的情境以及得到的收获充满种种思考和感慨。分享环节为学生提供了一个思想交流和沟通的平台，使他们可以将自己的感受和情感与他人进行沟通，并得到反馈，进而加深对自己和他人的理解。在这样的交流中，学生不仅仅是单纯地述说自己的经验，更是在与他人的互动中对自己的体验进行再次的思考、反思和整合。通过分享，他们可以看到自己所获经验的价值，同时也能够从他人的分享中获得启示，增进对整体活动的理解。这种多角度、多层次的交流和反思对于学生的心智成长是极为有益的。

而对于教师来说，分享环节同样具有重要意义。通过聆听学生的分享，教师可以更加直观地了解到学生的内心世界、实际需求和内心的困惑，从而更好地调整教学策略，满足学生的学习需求。同时，教师可以在分享过程中给予学生适当的指导和鼓励，帮助他们更好地进行自我表达，更深入地思考，使得分享不仅仅是述说，还能成为帮助学生深化理解和成长的过程。

四、总结

总结，是素质拓展训练过程中不可或缺的重要环节。它的核心目标在于帮助学生回顾、整理并深化他们在训练过程中的各种体验、感受和收获，从而确保训练的效果能够持续并转化为学生的实际能力。

在总结环节中，学生将对之前的学习经历进行重新梳理，挖掘其中的意义和价值，探讨其中的难点和疑问，从而达到深化理解和提高能力的目的。同时，总结也可以为学生提供一个反思自己的机会，使他们能够更加清晰地认识到自己的长处和不足，从而在未来的学习和生活中做出更加明智的选择和决策。对于教师而言，总结环节不仅是教师了解学生学习情况的一个重要途径，更是教师对自己教学方法和策略进行反思和调整的好时机。通过总结，教师可以更加精确地把握学生的需求以及调整自己的教学计划，从而确保教学的质量和效果。此外，总结还可以为学生和教师提供一个共同的沟通平台。在这里，他们可以共同探讨学习的问题，分享学习的心得，相互鼓励和支持，从而增强彼此之间的信任感，加强双方的合作，从而为未来的学习创造更加有利的条件。

五、应用

在素质拓展训练中，与其他环节相比，应用环节更强调实际操作和实践体验。通过这一阶段的锻炼，学生不仅能够加深对训练内容的理解，还能懂得如何在实际生活中应用所学，从而提高自己的问题解决能力、决策能力和创新能力。

实践被视为认识的来源和基础，因为只有真正投身于实际的操作中，才能深刻理解和领会所学内容的内涵与价值。同时，实践也是认识的目的和动力，因为人们所追求的知识并不是孤立的，而是要与实际相结合，从而为自己的行动和决策提供指导。在实践过程中，学生所获得的认识可以再次转化为他们面对新情境时的行动指南，形成一个从实践到认识，再从认识回到实践的循环上升过程。这样的过程不仅使学生的知识得到不断地深化和拓展，同时也帮助他们更好地适应和面对生活和工作中的诸多挑战。这种认识与实践的有机结合，正是素质拓展训练的终极意义所在。它不仅有助于培养学生的各种知识和技能，更重要的是，它可以引导学生建立一个健康、积极的认知和行为模式，帮助他们更好地面对未来，实现自我价值。

每个学生都有自己独特的经验和背景，因此他们在应用所学内容时可能会有不同的方法和策略。教师则需要鼓励学生根据自己的实际情况进行选择和决策，确保他们能够充分发挥自己的潜能。为了确保应用环节的效果，教师还需要对学生的实践活动进行评估和反馈。这不仅可以帮助学生了解自己的长处和不足，还可以为教师提供宝贵的信息，帮助他们进一步完善训练内容和方法。

第四节　课程教学方法和手段

随着时代的变迁和教育观念的更新，传统的教学方法已经难以满足现代教育的需求，高校教师更多地采用情境教学法、项目式教学、体验式教学等方法，使学生能够在真实或模拟的环境中进行学习，真正体验和感受所学知识。在素质拓展训练课程中应用这些教学方法，不仅可以增强学生的学习兴趣，还可以培养他们的实际操作和应用能力。

一、项目式教学法

项目式教学法是一种以学生为中心的、学生主动参与式的教育方法，它可以使学生在解决实际问题的过程中发展并运用各种知识和技能。这种教学方法与传统的、基于课堂的教学方式截然不同，因为它强调的是学生的主动探索和实际操作，而不是单纯地接受知识。在素质拓展训练课程中运用项目式教学法，有助于激发学生的学习兴趣，培养学生解决问题的能力。

（一）项目式教学法概述

不同于传统的教学方法，项目式教学法强调理论与实践的紧密结合，旨在激发学生的创造力和潜在能力。这种教学方式以项目为载体，对传统学科内容进行深度整合，将庞大的知识体系细分为多个独立的教学项目，每一个项目都附带具体的工作任务，为学生提供清晰的学习路线图。在教学的实施阶段，项目式教学法的教师角色逐渐从主导者转变为引导者。他们不仅要对项目进行细致的分解和示范，还要引导学生在固定的时间内，通过分工和协作来完成指定的项目任务。这种参与式的学习方式使学生能够深入了解项目的每一个环节，更好地理解和掌握相关知识。而当项目接近尾声时，学生需要对成果进行全面的总结与评估，确保自己真正地掌握了关键的知识点，并能够理解整个项目中的重要环节。项目式教学法强调学生在实施过程中的体验和收获。这种教学法的目的是让学生在实践中学习和成长，鼓励他们深化和拓展对知识的理解。此外，它还旨在培养学生的跨学科思维、团队协作精神以及责任感，这些都是在现代社会中不可或缺的素质。

1. 项目式教学法的概念

项目式教学是一种让学生在教师的指导下通过完成一个完整的项目而进行学习的教学模式。项目式教学法来源于“project based learning”，简称 PBL。我国学者对 PBL 的译法有很多，如“项目式教学”“项目化教学”“基于项目的教学”“项目学习”等。

项目式教学法强调学生主导、问题驱动和实践操作，既是一种教学方法，也是一种课程形态；既是一种教与学模式，也是一种教与学方法。在项目式学习过程中，学生不仅可以掌握深入且具体的知识，还可以形成专业技巧，真正实现“从做中学”的教育理念。

2. 项目式教学法的特点

（1）问题驱动。利用项目式教学法展开教学，学生可以在学习的过程中针对真实或模拟的问题展开深入的拓展和研究。在问题的驱动下，学生不再是被动的信息接收者，而是主动的问题解决者。他们可以主动去质疑、探索、讨论并解决具体的问题，这在一定程度上有助于提高学生的主动性和自主性。这种学习方法不仅能够促进学生对知识的深入理解，还可以锻炼他们的批判性思维、创新能力和协作技巧。项目式教学法允许学生根据自己的兴趣和经验选择问题，这有助于提高他们的学习热情和投入度。而且，通过解决实际问题，学生可以更加清晰地看到知识和技能在实际生活中的应用价值，这有助于培养他们的生活能力和适应社会的能力。

（2）小组合作。项目式教学法的开展方式是组建学习小组，在这种教学模式下，学习不再是孤立的个体行为，而是转化为一个富有活力和创造力的团队活动。在小组合作的环境中，每位学生都是团队的一部分，他们需要为共同的目标付出努力。这样的环境使得学生能够更好地分享资源、知识和经验，借助团队的力量解决问题。每个人都可以在团队中找到自己的位置，发挥自己的优势，弥补其他成员的不足，从而实现“1+1>2”的效果。小组合作为项目式教学提供了一个沟通、交流和分享的机会。学习不再局限于单向的教师传授，而是演变为小组成员之间的双向或多向交流。这种方式不仅有助于知识的传递，还能够激发思维的碰撞，为学生们带来新的视角和解决策略。

（3）知识整合。在传统的教学模式中，学科知识常常是孤立传授的，而项目式教学法则鼓励学生在实际的项目环境中跨越学科边界，将所学的知识与技能进行整合和应用。这种教学方式，使得知识不再是静态和碎片化的，而是被整合起来动态地融入实际应用中。学生在项目实施过程中，需要调用来自不同学科的知识和技能，为了达到项目的目标，他们必须对这些知识进行整合。例如，在一个环境科学的项目中，学生可能需要结合生物学、化学、物理学和社会学的知识来分析、解决实际问题。这种知识整合不仅有助于学生深化对单一学科的理解，还能帮助他们建立跨学科的联系，提高他们的综合分析能力。当学生能够看到各个学科之间的内在联系时，他们对知识的理解也会更加深入。项目式教学法中的知识整合也为学生提供了一个在实际情境中应用知识的机会。这种实践性的体验使学生能够在真实的环境中体验知识的价值和意义，促进他们对知识的吸收和掌握。

3. 项目式教学法的构成

项目式教学法的构成要素主要包括内容、活动、情境和结果，旨在通过真实情景中的活动，帮助学生整合并应用知识，从而达到预设的学习结果（图 5-3）。这种教学模式强调学生的主体性、实践性和创新性，有助于培养学生的综合素质和应对复杂问题的能力。

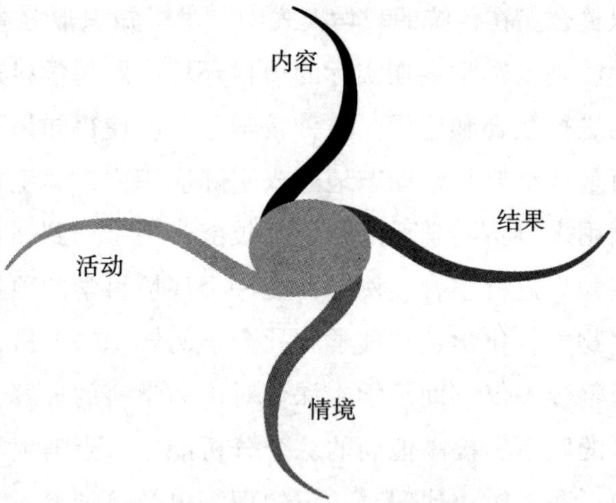

图 5-3 项目式教学法的构成

（1）内容。项目教学中的内容，来源于真实的工作环境，反映的是工作实践中真正面临的难题与任务，而非学科教育中那种为了教学而设定的虚构内容。这种从真实工作环境中引入的内容，更能体现教育的实践性与应用性。以企业实际的商业活动与生产销售活动为例，如维护计算机工程、组装计算机等任务，这些都是在实际工作中真实存在的问题，需要解决的难题。而在项目式教学中，学生正是以这样的实际问题为背景进行学习与研究。这种基于真实问题背景的学习，更有助于激发学生的学习兴趣，同时，也使得学生在学习过程中能够更好地体验到知识的实际应用价值。面对这样真实的工作内容，学生需要自主安排学习计划，确定学习的策略和方法。这不仅能培养学生的自主学习能力，还能锻炼他们的创新技能。因为在实际的工作中，很多问题没有固定的解决方法，需要学生自主探索、创新思考，从而找到最佳的解决方案。

（2）活动。不同于传统教学模式中的被动学习，项目式教学法鼓励学生主动参与学习活动，结合具体的学习方法与项目工具来解决实际的学习任务。这样的教学模式改变了学生在课堂上的被动状态，让他们从中体验到真实的工作环境和实践活动，从而更加直观地掌握知识与技能。

挑战性是项目式教学法中活动的典型特征之一。学生所面临的任务不仅需要他们运用已有的知识与技能去完成，更重要的是，这些任务往往具有一定的难度，迫使学生在有限的条件下掌握新的技能和知识来解决问题。这不仅仅是对学生知识和技能的考验，更是对他们创新能力和解决问题能力的锻炼。在这样的教学模式下，学生不仅能够真正地掌握知识，还能在问题解决的基础上，实现对技术理论与知识技能的全面提升。此外，项目式教学法中的活动还具有一定的构建性。在参与项目教学活动的过程中，学生可以切实地体验到他们的能力得到了真正的发挥和应用，不仅能够掌握有价值的实际技能，更能根据自己的需求和兴趣构建一个有助于自身发展的知识体系。这样的教学活动，更像是一次真实的工作实践，而非单纯的学术研究，能够让学生更好地将理论知识与实际应用结合起来，从而实现真正的“做中学”。

（3）情境。情境是为学生自主学习提供的外部环境，它既可以是依赖信息技术再现的工作环境，也可以是最真实的工作场景。情境的一大特点是能够增强学生间的交流与合作。由于项目是由小组成员共同承担和完成的，这样的学习环境促使学生在各个阶段，如确定项目主题、收集数据、制定方案等，都需要相互合作与依赖。这种合作中的沟通与讨论，无疑能够加深学生之间的相互理解，更让他们体会到团队合作的价值和意义。另外，情境的存在也有助于学生更加深入地掌握专业知识与技能。在一个具备情境性的学习环境中，学生能够更为直观地理解和应用他们所学的知识，将抽象的理论转化为实际操作。这样的环境能够让学生更好地模拟和体验真实的工作情境，从而在实践的过程中，更有针对性地提高自己的专业能力。最重要的是，情境可以为学生提供一个获取职业能力的理想环境。它不仅可以帮助学生提高学习技能，还可以指导他们更好地了解世界发展的方向。在这样的情境中，学生可以更加清晰地看到自己的发展方向，为自己未来的职业生涯做好准备。

（4）结果。结果是项目式教学的目标和方向，即学生在完成项目后应取得的预期成果。这些结果不仅仅是知识和技能的掌握，更多地涉及问题解决、创造性思维、团队合作和批判性思考等综合能力的培养。明确的结果设定可以使学生清楚地知道他们在学什么，为何而学，以及如何评价自己的学习效果。

（二）项目式教学法在素质拓展训练课程中的应用意义

在素质拓展训练课程中应用项目式教学法，不仅有助于促进学生知识与技能的综合应用，提高学生的自主学习能力，还可以为学生提供一个真实、多元和开放的学习环境，有助于培养学生的团队协作能力与交际能力，能够满足现代社会对人才的多方面需求。

1. 促进知识与技能的综合应用

素质拓展训练课程通常不局限于某一学科的知识，而是要求学生综合应用各方面的知识和技能。项目式教学法鼓励学生将所学应用到真实的、具体的问题中，帮助他们在实践中融合和运用知识，培养学生的综合素质。

在素质拓展训练中，通过实际的项目任务，学生被置于一个需要他们运用所学知识和技能的情境中。这种情境不仅限于某一个学科的范畴，更是要求学生跨学科地整合所学，寻找问题的答案。在这样的项目中，学生不仅要运用他们在课堂上学到的知识，还需要动用各种实际操作技能。正是这种实际操作的过程，使得学生有机会真正地将知识转化为技能。他们不再是简单地重复或背诵书本上的内容，而是要运用这些内容来解决实际问题。这种从理论到实践的转化，有助于加深学生对知识的理解和掌握。

2. 提高学生的自主学习能力

在素质拓展训练中，应用项目式教学法有助于提高学生的自主学习能力。项目式教学法要求学生围绕一个中心主题进行研究和探讨，这通常涉及对多方面知识的整合和应用。而在这一过程中，学生需要自行搜寻资料、交流想法、设计实验或方案并进行实践，从而锻炼他们的信息筛选、判断和分析能力。

对于教师来说，他们的角色从传统的知识传授者转变为引导者和协助者。教师应提供一个开放的学习环境，让学生能够在其中自由探索。这并不意味着教师在教学中被边缘化，相反，他们要在学生的学习过程中提供必要的支持和引导，如确定项目的框架、提供学习资源的建议或协助学生解决学习中的困难。

3. 培养团队合作与交际能力

在素质拓展训练课程中，应用项目式教学法有助于培养学生的团队合作与交际能力。项目式教学法注重实践与应用，通常要求学生组成小组，共同研究和解决一个实际问题或挑战。在这一过程中，学生需要与团队成员进行频繁的沟通、讨论和协作，以确保项目的顺利进行。这样的合作经验，能够使学生在真实环境中培养的沟通技巧和团队合作精神。学生在小组工作中会遭遇各种不同的观点和意见，他们需要学会如何倾听、理解他人的观点，以及如何表达自己的观点。这不仅可以锻炼学生的交际能力，还能帮助他们建立批判性思维和培养解决冲突的技巧。

为培养学生的团队合作与交际能力，在素质拓展训练课程中，教师首先需要确保每个学生在团队中都有参与和发言的机会，重点关注那些可能在团队中容易被忽视的学生，确保他们也能够参与讨论和决策。此外，在素质拓展训练课程中，教师还要培养学生的冲突解决能力。当团队内部出现意见分歧或冲突时，教师应该鼓励学生自主解决问题，而不是直接为他们做决定。这样一来，学生不仅能够学会解决实际问题，还能够提高自身的交际能力。

（三）项目式教学法在素质拓展训练课程中的具体实施

在素质拓展训练课程中，教师可以根据“确定项目任务—制订项目计划—组织项目实施—检查考核评估—总结评比归档”的步骤具体实施项目式教学法。在这一过程中，教师和学生需要紧密合作，确保项目的顺利进行，并最终达到预期的学习目标（图 5-4）。

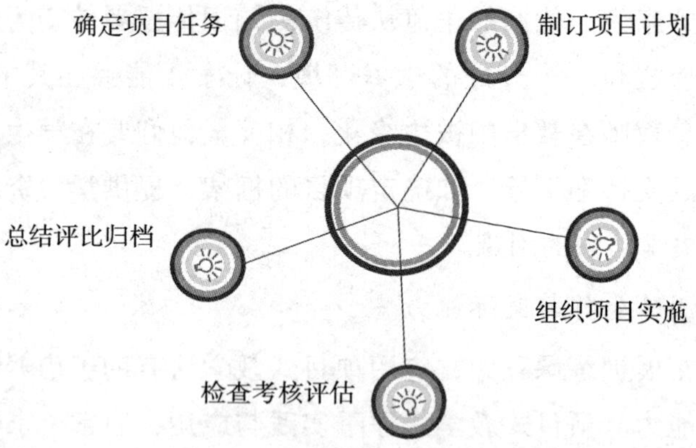

图 5-4　项目式教学法在素质拓展训练课程中的具体实施

1. 确定项目任务

在这一阶段，教师需要明确项目的目标和预期结果。项目任务应当与素质拓展的课程目标紧密相连，同时要确保其对学生具有足够的挑战性。任务应当真实而具体，并涉及学生的实际操作和思考。确立一个明确的项目任务不仅可以帮助学生明确学习目标，还能够激发他们的学习兴趣。因此，在教学开展之前，教师要对教学内容以及学生的实际情况进行分析，从而确定合适的项目。教师可以围绕专业能力培养要求和专业知识模块设置一个或几个项目任务，并与学生一起充分讨论，最终确定项目的实现目标和具体任务。

2. 制订项目计划

在素质拓展训练课程中，教学项目计划可由师生共同制订，也可以在教师的指导下由学生自己制订。一方面，教师可以结合课程的教学目标和内容提出一些初步的项目建议或框架，而学生则可以从自己的兴趣出发，提出自己对项目的看法和建议。这样，项目不仅能够满足教学的需求，还能够激发学生的兴趣，提高他们的学习积极性。此外，师生共同制定项目还能加强他们之间的交流与合作，使教师充分地了解学生的需要和想法，进而开展更有针对性的教学活动。另一方面，学生可在教师的引导下制订项目计划。学生在制订项目计划时可以充分发挥自己的想象力和创造力，对自己感兴趣的话题进行深入研究。这样不仅能够提高学生的学习积极性，还能够锻炼他们的自主学习能力和创新能力。教师在这个过程中，应该起到引导和监督的作用，确保学生能够按照既定的方向进行项目的制订和实施。值得注意的是，教学项目计划无论是由师生共同制订还是由学生自己制订，都需要确保项目的内容、目标与课程的教学需求相一致，同时还要考虑学生的实际兴趣和需求。

3. 组织项目实施

在高校的素质拓展训练课程中应用项目式教学法，要注重项目的实施与落地，思考如何确保学生从实践中得到真正的收获与成长。组织项目实施不仅需要有明确的目标，还要有周密的规划，并注重学生的主体地位，确立与学生日常经历相符、难度适中的项目任务。项目的确定既要满足教学目标，又要兼顾学生的学习兴趣和需求。同时，教师还需为学生提供相关资料与资源，确保他们在项目的各个阶段都能得到必要的支持。

在素质拓展训练课程中，学生需要利用提供的资料进行深入研究，发现问题并积极寻求解决方案，从而完善自己的知识体系。这个过程不仅能锻炼学生独立思考和问题解决的能力，还可以增强他们的实践与探究能力。不可避免地，学生在项目实施过程中会遇到各种问题和困难。这时，教师应及时为学生提供解答和指导，帮助他们克服困难，确保项目的顺利进行。同时，鼓励学生与同伴及时沟通和协作，共同寻找解决问题的方法，这也是一种培养学生团队合作和交际能力的一种不错的方法。

4. 检查考核评估

在素质拓展训练课程中，检查、考核与评估是对学生学习过程和成果的综合评价，同时也是提高教学效果、指导学生进一步学习的重要手段。应用项目式教学法开展检查考核评估，需要确保评估内容的真实性、多元性和参与性。

考核评估的内容不仅应关注学生的最终成果，还应重视学生在项目实施过程中的各种能力的培养和提高。例如，学生在项目实施中的团队合作能力、问题解决能力、创新思维能力等，都是考核的重要内容。而这些能力的评价往往需要多种方式来进行，如观察记录、学生的自我评价、团队互评等。在具体的评估方法上，可以采用综合评价的方式，即结合学生的作品展示、报告答辩、教师的观察记录、学生的学习日志等多种方式对学生的学习成果和过程进行评价。这样可以确保评估的真实性和公正性，同时也能更好地激励学生参与项目的实施。为了确保评估的客观性和公正性，教师还应定期与学生进行沟通，了解他们在项目实施过程中的困惑和难点，提供必要的指导和帮助。同时，通过与学生的沟通，教师也可以了解学生的学习情况和需求，进一步完善教学方法和内容。

5. 总结评比归档

在素质拓展训练课程中，总结评比归档是为了让学生深入反思自己在项目中的角色、遭遇的挑战、获得的收获和应对的策略。这个过程中，教师应引导学生诚实地评价自己，挖掘自己在项目中的亮点和不足，以便为将来的学习和工作做好准备。同时，教师也应当对教学过程进行反思，思考如何优化教学策略，以更好地满足学生的学习需求。而评比环节旨在激励学生的学习积极性，鼓励他们持续追求卓越。在此过程中，除了对项目成果的评价，学生在团队合作、问题解决、创新思维等方面的表现也应当成为评比的标准。这样不仅可以使评比具有公平性和全面性，同时也能激发学生在各个方面都努力做到最好的决心。此外，归档是为了长期保存学生的学习成果，为他们提供一个查阅和回顾的机会。归档内容可以包括项目报告、实物成果、学习日志等。教师在此过程中应确保归档的完整性和规范性，为学生提供一个完整的项目学习档案。此外，教师还可以将优秀的项目作品整理后作为教学案例供其他教师借鉴。因此，在素质拓展训练课程中应用项目式教学法，教师应注重总结评比归档，帮助学生和教师对项目学习进行深入的反思，为教师将来的教学提供宝贵的经验和资源。

二、讲解示范法

讲解示范法是教育教学中一种常见的教学方法，它结合了讲解和示范两种手段，旨在通过语言描述和实际展示来帮助学生更加直观地理解和掌握知识或技能。在素质拓展训练中应用讲解示范法，不仅可以使学生更深入地理解运动相关的理论知识，还能使学生在模仿的过程中逐步建立起操作技能，从而增强个人的自信心。

（一）讲解示范法的含义与特点

讲解是指教师通过语言描述，对某一知识点或技能进行解释和阐述。在具体教学实践中，讲解要做到用语简练、重点突出、目的明确。讲解要根据教学任务和学生的实际水平采用不同的教学方法，使其具有趣味性和启发性，此外，在教学活动中，教师还要注重讲解的时机和效果。

示范是教师进行实际的操作或展示，使学生可以直观地看到知识点或技能的应用和实践过程。示范在直观教学中占主导地位，示范要力求做到准确、熟练、优美，并突出课程特点。它可以使学生了解所学动作的形象、结构要领和方法，是学生通过直观的感性认识获得动作概貌的主要手段。

讲解示范法的特点主要包括以下几点。第一，直观性。示范部分可以为学生提供直观的学习材料，帮助学生清晰地理解复杂的理论知识和操作技能。第二，互动性。虽然讲解示范法主要依赖于教师的讲解和示范，但在这一过程中，学生也常被鼓励提问讨论，从而实现师生之间的互动。第三，模仿与实践。讲解示范法往往伴随着学生的模仿与实践，学生在看到教师的示范后会尝试模仿，这有助于对学习效果起到一定的巩固作用。

（二）讲解示范法在素质拓展训练课程中的应用价值

1. 激发学生兴趣

相比于单纯的理论授课，示范往往更能引起学生的兴趣和好奇心。当学生看到某个技能或方法被实际操作出来，他们往往会更有动力去尝试和模仿。在素质拓展训练中，这种具体化和直观化的教学方法具有明显的优势，能有效地激发学生的学习兴趣。

素质拓展训练往往涉及许多技能的实际应用，这些内容如果只是通过语言文字来传达，可能会显得枯燥和难以理解。而讲解示范法通过直观的展示，使学生能够清晰地看到操作的每一个步骤和细节，这种感性的认知方式更容易引起学生的好奇心和探索欲望。人们对于新鲜事物和直接的体验通常都会产生浓厚的兴趣。当学生看到教师现场演示某个技能或方法时，这种真实的、可视的展示往往比单纯的口头描述更能吸引学生的注意力。这不仅可以使学生能够更加专注于课堂，同时也可以激发他们想要亲自尝试和实践的欲望。

2. 加强师生互动

在素质拓展训练中，技能和知识的应用往往需要很强的实践性。当教师的示范为学生提供了一个真实的参考模型。学生在观察的过程中很可能会对某些步骤或方法产生疑问，这时他们会更有动力向教师提问。这样的疑问和讨论不仅有助于学生更好地理解材料，还为教师提供了一个能够即时地根据学生的需求进行调整和反馈的机会。此外，当教师示范某个操作或技能时，学生往往会被鼓励亲自尝试，然后再与教师进行交流，分享他们的体验和发现。这种从观察到实践，再到分享的循环过程，为师生间的沟通和交流提供了更为广泛和深入的机会。由于讲解示范法是基于实际的操作和应用，学生可以直接参与其中，尝试、失败、再尝试，并从中获得反馈。在这个过程中，教师与学生之间的沟通是尤为关键的，因为学生需要在尝试和实践中获得指导和建议。

3. 建立学习信心

在素质拓展训练中，学生往往面临着全新的知识和技能的挑战，面对这些未知的领域，学生可能会产生疑虑或担忧。通过讲解示范法的应用，教师有机会直观地向学生展示如何进行操作或解决问题，为他们提供一个明确且可行的路径。当学生观察到一个复杂的任务或问题通过具体的步骤和方法被逐渐解决时，他们可以更清晰地看到成功的可能性。

讲解示范法可以为学生提供模仿和尝试的机会。当他们在教师的指导下通过亲自操作获得成功的经验时，这种成功体验会进一步增强他们的自信心。另外，当学生在示范的基础上，开始自主探索和实践，逐渐实现了从观察到自主操作的转变，他们的学习信心也会随之增强。因为这种转变意味着他们不再仅仅是知识和技能的接收者，而是成为通过应用这些知识和技能来解决实际问题的人。

（三）讲解示范法在素质拓展训练课程中的应用策略

1. 结合实际内容选择合适的示范方式

在素质拓展训练课程中，单纯的理论讲解或者单纯的实践训练都无法获得良好的教学效果。因此，应用讲解示范法时，教师需要结合实际内容选择合适的示范方式。比如在针对团队合作技能的项目训练中，纯粹的理论讲解很难使学生真正掌握团队合作的实质。这时，教师可以选择场景再现的方法，展示真实或模拟的团队合作场景，其中涉及沟通、决策和解决问题的过程。通过观察实际操作，学生不仅能理解团队合作的原则，还能感受到团队中每个成员的角色和责任。此外，当涉及某些特定的技能训练（如公共演讲或领导力培训）时，教师可能需要选择实时演示的方式展示如何进行有效的演讲、如何领导团队完成特定任务等。

这种即时的、现场的示范，有助于学生直观地了解技能的实际应用，并鼓励他们参与实践，提高自己的能力。

总之，在素质拓展训练中应用讲解示范法时，教师应深入了解课程内容，确保所选择的示范方式与内容是紧密结合的，从而最大限度地帮助学生掌握知识和技能。而不同的训练内容，往往需要不同的示范方式，这样才确保学生所获学习效果的最大化。

2. 与其他教学方法相结合

讲解示范法作为一种直观且生动的教学方法，往往在与其他教学方法结合时，能够释放出更大的潜能。在素质拓展训练中，它可以为学生提供清晰的参照，使得其他方法更加具有针对性。例如，学生在经过教师的讲解和示范后，通常会对某个技能或知识点有一个初步的认知。接下来，他们可以在小组中进行讨论、练习和模拟，互相学习、互相指导。这样一来，小组活动就有了一个共同的出发点，以保证每个学生都能从更高的起点开始学习。再者，讲解示范法也可以和案例教学相结合。在对某一技能进行讲解和示范之后，教师可以为学生提供与之相关的实际案例。学生基于教师的示范，对案例进行分析和讨论，并尝试找出解决问题的方法。这种结合，不仅让学生看到技能的实际应用，还鼓励他们进行批判性思维和实践。同样地，对于需要创新和创造性思维的素质拓展训练，讲解示范法可以与思维导图、头脑风暴等创意方法相结合。教师先进行示范，展现一个创新思维的过程或技能的运用，然后引导学生运用多种创意工具进行深入探索，不断激发他们的创造力。在这些结合案例中，讲解示范法起到了一个“桥梁”的作用，为学生提供了明确的方向和标准，帮助他们更好地理解和运用其他教学方法。因此，教师在素质拓展训练中，应灵活运用讲解示范法，应与其他方法相结合，从而使学习过程更为高效、生动和有意义。

3. 注重创建教学情境

创建教学情境是让学生从传统的课堂环境中走出来，进入一个模拟真实的学习环境中，使其更加投入并获得更真实的体验。在素质拓展训练中，讲解示范法结合情境创建，能够帮助学生更加深入地理解和掌握知识，同时促进他们的情感、态度和价值观的形成。

在素质拓展训练中，教学可以模拟一个实际的团队合作场景，选择真实的案例，如组织一次小型的活动或项目，然后向学生展示如何从策划到执行，最后到总结的整个过程。在这个过程中，教师可以穿插讲解和示范，例如如何进行有效的团队沟通、如何解决团队中出现的问题等。这样，学生不仅能了解到各种知识和技能的应用，还能在情境中体验到这些知识和技能所带来的效果。再比如，教师还可以通过创设一个商务谈判的场景，为学生展示如何进行有效的交流和沟通。在这个场景中，教师可以模拟各种真实的情境，如对方突然提出一个非常高的要求，或者在谈判过程中出现了意想不到的问题，然后为学生讲解和示范如何处理这些问题，如何进行有效的沟通才能达到双方都能接受的结果。通过这种方法，学生不仅能看到知识和技能是如何被应用的，还能感受到这些知识和技能所带来的价值。这样一来，他们才能产生学习的兴趣，并容易将所学与实际生活相结合，从而达到良好的学习效果。

三、探究式教学法

探究式教学法，是为学生构建一个真实的问题情境，使学生在情境中产生对知识的主动探求的一种教学方法。与传统的教学方法相比，探究式教学更加注重发挥学生的主体性，而不是将学生看作是知识的被动接受者。这种方法鼓励学生积极参与挖掘、质疑并构建自己的知识体系。探究式教学法在素质拓展训练中的应用不仅可以培养学生自主学习的能力，还有助于增强学生团队合作的精神，培养学生的组织能力、沟通能力、领导能力等综合素质。

（一）探究式教学法的含义与特点

探究式教学法是一种以学生为中心的教学方法，强调学生的主动参与和自我探索。与传统的以教师为主导的教学方式不同，探究式教学鼓励学生对现有的知识和信息进行质疑、探讨和分析，进而发现新的知识或对已有知识进行深化理解。

探究式教学法是一种强调学生自主学习、积极主动获得知识的教学方法，主要具有探究性、自主性、合作性、启发性等特点（图 5-5）。

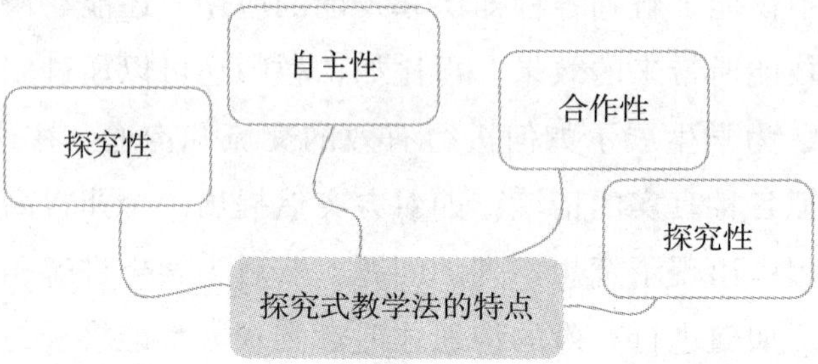

图 5-5　探究式教学法的特点

1. 探究性

传统的教学方式往往是老师传授知识，学生接受知识，这种单向的知识流动可能导致学生对学习失去兴趣。而探究式教学法通过提供真实的问题情境，使学生自然而然地产生求知的欲望。这种教学方式不仅有助于培养学生的思维能力，还能增强他们对知识的渴望。

2. 自主性

探究式教学法强调学生的主动性、自发性以及独立思考的能力，鼓励学生根据自己的兴趣和需求选择学习内容和路径，而不是被动地接受统一的教育模式。在这种教学模式下，学生不再是被动的知识接受者，而是转变为主动的知识探求者。这种学习方式更能激发学生的好奇心和求知欲，让他们自主地进行学习活动，进而更深入地理解和掌握知识。

3. 合作性

探究式教学法鼓励学生在学习过程中相互合作交流，知识的建构和理解并不只是依靠个体来完成，而是在小组中通过互动而形成的。学生在团队中进行探究活动时，需要分工、交流思路和争论观点，并在协作中达成共识。通过合作学习，学生能够从他人的观点中获得启示，拓宽自己的视野。同时，当学生在团队中表达自己的观点时，也需要更加清晰、有条理地思考，以确保信息能被其他成员所理解。合作性学习不仅有助于促进学生进行深入的知识探究，同时有助于培养他们在实际生活中所需的重要社交技能。

4. 启发性

探究式教学法的核心在于引导学生自我发现和实践，而非单纯地接受知识。探究式教学法不是简单地为学生提供答案，而是向学生展示如何提出问题并寻找答案，它着重培养学生的思维方法和解决问题的策略。在这种教学方法中，教师起到的是引导者和帮助者的角色，而非传统意义上的知识传递者。他们通过提出问题、设置场景和组织活动来激发学生的好奇心，鼓励他们积极思考，进而促使学生自主地去探索、实践，最终得到答案或解决问题。这种自我探索的过程不仅有助于加深学生对知识的理解，而且有助于培养他们的创新能力和批判性思维。

（二）探究式教学法在素质拓展训练课程中的应用意义

素质拓展训练课程强调学生能力的培养与个性的塑造，而不仅仅局限于知识的积累。这种教育理念与当今社会快速变化、不断发展的背景相吻合。为了使学生更好地适应这一变化，教师需要提供更加开放、自主和与现实生活紧密结合的学习方式，而探究式教学法正好可以满足这一需求。

1. 有助于培养学生实际应用能力

在素质拓展训练课程中，应用探究式教学法有助于培养学生的实际应用能力。比如在培养团队合作能力的绳索训练当中，学生不仅要运用已有的知识，还需要与队友沟通、合作和协商，找到最佳的解决方案。这种真实的、亲身参与的学习经验，能够使学生在完成任务的同时，也能培养个人的沟通能力、团队协作能力和解决问题的能力。这样的经验是难以通过传统的课堂教学获得的，但在探究式教学法的指导下，学生可以更加深入地体验和学习，从而更好地培养自身的实际应用能力。

2. 满足学生个性化学习需求

通过应用探究式教学法，素质拓展训练课程能够满足学生的个性化学习需求，激发他们的主动性和创造性，使学习成为一种有趣又有意义的活动。比如在野外求生训练项目中，学生会面临如何搭建避难所、如何寻找食物和水源、如何使用工具等一系列挑战。在探究式教学法的理念下，每位学生都可以根据自己的兴趣和能力进行选择，自行决定如何组织时间、如何分配资源和如何与他人合作。这种教学方式能够真正使学生成为知识的主动探究者，让学生在讨论、交流和探究的过程中，发展个人的创造性思维和综合能力。

3. 有助于激发学生的学习兴趣

在素质拓展训练中，应用探究式教学法，将原本学校体育课堂中的走、跑、跳、投、攀爬、跨越等基本内容，延伸到社会乃至大自然中，融入富有思想性、挑战性和趣味性的户外活动，为学生创造与众不同的学习体验。这种方法让学习不再是单纯的“接受”，而是变成了“探索”，从而更好地激发学生的学习兴趣。同时，学生通过主动参与各种挑战性训练，也会变得更加乐观、勇敢和积极。将探究式教学法应用于素质拓展训练课程当中，有助于培养他们的团队合作精神，使他们形成积极进取的人生态度。这种主动参与的过程还有助于每位学生个性的展现，因为个性的形成与一个人的全面发展是密不可分的。探究式教学法在素质拓展训练中的运用，有助于促进学生的个性发展和价值再造，这也是素质拓展训练对于学生人格塑造的主要价值所在。

（三）探究式教学法在素质拓展训练课程中的应用策略

在素质拓展训练课程中应用探究式教学法，可以激发学生的学习兴趣，培养他们的主动探究精神和实际应用能力。对此，教师可以根据以下步骤与策略，利用探究式教学法提升素质拓展训练课程的教学效果（图 5-6）。

图 5-6 探究式教学法在素质拓展训练课程中的应用策略

1. 创设情境

在素质拓展训练课程中应用探究式教学法是教师培养学生创新思维和实际应用能力的有效途径。而情境的创建是探究式教学法中至关重要的一环，它为学生提供了一个真实、动态的学习环境。因此，教师需要从学生的日常生活和兴趣出发，将抽象的知识和技能与实际情境结合起来。例如，教师可以组织一次户外探险活动，让学生在大自然中学习生物、地理和物理知识。在这样的活动中，学生不仅可以观察自然界的一些现象，还可以进行实地的调查和实验，从而更加深入地理解和掌握所学知识。

创建情境的关键在于使学生感到身临其境，真实地体验和感受到所学知识的意义和价值。为此，教师需要提前做好充分的准备，设计和组织一系列有趣和有挑战性的活动，从而激发学生的学习兴趣和好奇心。

在活动中，教师还应鼓励学生主动提问、思考和探索，引导他们从多个角度和层面去分析和解决问题。此外，教师还可以利用现代科技手段，如虚拟现实、增强现实等，为学生创造一个更加真实和立体的学习环境。这样，学生不仅可以更加直观地感受到所学知识的魅力，还可以培养他们的创新思维和实际应用能力。

2. 自主探究

在素质拓展训练中，为确保学生能够充分地进行自主探究，教师需要设计开放且富有挑战性的学习任务。这些任务通常与学生的真实生活情境相结合，促使学生从中找到问题、设定目标，并为解决问题制定策略。例如，在户外生态考察中，教师可以鼓励学生观察周围的生态环境，自行提出疑问和深入探索，并思考如何保护当地的生态平衡。在自主探究的过程中，教师不直接提供答案，而是提供一系列工具、资源和策略，帮助学生自己去发现知识和构建知识体系。这可能涉及组织学生访问图书馆、进行网络研究，或者与专家交流。同时，为了确保每个学生都能在自主探究中获得成功的经验，教师需要关注每一位学生的学习进度和需求，在探究活动中提供适时的反馈、建议和指导，帮助学生调整自己的学习策略和方向。教师还可以鼓励学生之间的合作与交流，因为不同的学生可能对同一个问题有着不同的看法和见解。通过小组讨论、合作研究等方式，学生可以互相学习、互相激励，从而更加深入地探究问题，丰富自己的认知和理解。也就是说，教师在素质拓展训练课程中应用探究式教学法，要注重为学生创造一个开放、支持和鼓励自主探究的学习环境，帮助学生发现问题、探索答案，并在此过程中培养他们的创新思维、批判性思考和实际应用能力。

3. 协作交流

在素质拓展训练课程中，教师应用探究式教学法安排协作交流的目的不仅仅是让学生之间互相分享知识和信息，更重要的是使学生通过交流促进彼此的思考、触发新的想法并共同解决问题。

要想有效地安排协作交流，教师首先需要明确交流的目标。这些目标可以是解决某个具体问题、完成某个挑战任务或共同探索一个话题。例如，在进行一个关于生态平衡的拓展训练时，教师可以提出一个实际问题，如“如何有效地保护某个特定生态系统？”这一问题，然后让学生分组进行探讨，探讨完毕后让小组之间互相分享自己的发现和想法。在分组过程中，教师需要考虑每一位学生的个性、兴趣和能力，以确保每个小组都具有多样性，以促进不同观点和思考方式的碰撞。每个小组可以根据自己的研究方向、资料收集和实地考察来深入探讨。为了让协作交流更为高效，教师还可以为学生提供一些交流和讨论的工具和策略。例如，可以教授学生如何提问、如何听取他人的意见、如何提供有建设性的反馈等。随着讨论的深入，教师也应该抓住恰当的时机参与到讨论中，引导学生深入思考，开阔学生的视野，或者为学生提供新的视角和资源。最后，针对协作交流的成果还要进行总结和反思。可以通过小组报告、论文等形式总结每个小组的探究成果，并鼓励其他小组对其进行评价和反馈。

4. 评价提高

在素质拓展训练课程中，评价不仅是对学生学习效果的反馈，也是对教学方法和内容的反思，更是对学生今后学习方向的指引。教师应用探究式教学法时，实施评价提高的重点在于鼓励学生在学习过程中提高自己的主动性、创造性和合作性，而不仅仅是掌握知识和技能。

为了更准确地评价学生在探究过程中的表现，教师需要设计开放、多元和综合的评价方法。比如，在一个探究活动结束后，教师除了要重视对学生的报告或作品的评价外，还可以邀请学生对自己的表现进行自我评价，同时也要鼓励同伴之间进行评价，这样可以从多个角度了解学生在探究过程中的思考、合作和创新情况。此外，与传统的评价方法不同，探究式教学法强调的是学生的过程和体验。因此，教师在评价时，不应只关注结果，还要重视学生在探究过程中是否能够积极思考、主动探索、勇于尝试和与他人合作。对于每一个探究任务，教师可以为学生提供一些关于过程的反馈，如他们在信息搜集、问题分析、方案设计和团队合作上的表现。评价后的提高是为了促使学生在探究的道路上更好地前行。基于评价结果，教师可以为学生提供一些建议和指导，帮助他们在下一次探究中做得更好。这些建议和指导不仅可以是关于知识和技能的，还可以是关于态度、方法和习惯的。

四、情境教学法

情境教学法强调将教学内容放在一个真实或模拟的情境中，使学生在这种情境中通过体验、实践、探究、交流等方式达到最终的学习目标。这种教学方法的核心思想是让学生在具体的、有意义的情境中进行学习，使得学习过程更加生动、有趣并且接近实际生活。

（一）情境教学法的含义

虽然学术界目前并未对情境教学法给出一个统一的定义，但人们普遍认为，情境教学法是从教学需求的角度出发，根据特定的教学目标，引入或创设与教学内容相符的具体场景或氛围。情境教学法有助于激发学生的学习热情，引导他们进行深入的情感体验，让学生在一个愉悦的学习环境中高效地吸收新知识，促进他们的心理机能全面和谐发展。

情境教学法将学生的认知和情感活动紧密地结合为一体，注重通过思维、情感和实际生活中的真实情境来提高学生的思维品质。它强调使用情境来促进学生的整体发展，无论是在人文学科还是在科学学科中，都致力于将知识、个性与能力的培养结合在一起，确保学生在具体的情境中获得知识。情境教学法不仅关注学生的未来发展，也注重他们当下的情感体验和健康成长。通过创设真实或模拟的教学情境，以学生的情感为纽带，教师可以促进学生知识的构建和认知的发展。情境教学法能够帮助学生在真实的情境中运用和拓展他们已有的知识，让他们在此基础上构建新知识，从而实现认知的进一步发展。

（二）情境教学法在素质拓展训练课程中的应用意义

在素质拓展训练课程中应用情境教学法，具有深远的意义。素质拓展训练注重学生的全面发展，尤其是非智力因素的培养，如情感、态度、价值观和各种实践技能。而情境教学法与素质拓展训练课程所追求的目标是一致的，通过创设问题情境，激发学生的学习兴趣，提高学生的思维品质，促进学生的全面发展。具体来看，将情境教学法应用于素质拓展训练课程中具有以下意义（图 5-7）。

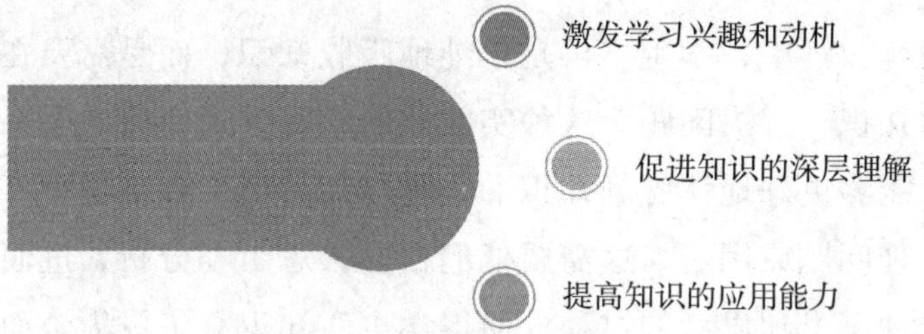

图 5-7　情境教学法在素质拓展训练课程中的应用意义

1. 激发学习兴趣和动机

通过为学生提供与实际生活场景相关的教学情境，情境教学法可以提高学生的学习兴趣和参与度。当学生觉得学到的内容与他们的日常生活或兴趣爱好相关时，他们更容易被激励去深入学习和探索。在教育的过程中，学生的兴趣和动机往往被视为学习的原动力，它们决定了学生投入学习的热情和努力程度。情境教学法正是通过创设真实或仿真的教学环境，使学生沉浸于某一特定的情境中，从而使学习内容变得鲜活、有趣和有意义。情境教学法能够使学习内容与学生的现实生活相结合，从而使学生更容易理解和吸收新知识。当学生发现所学的知识与自己的生活、经验或未来的职业息息相关时，他们的学习动机也会相应提高。

具体到素质拓展训练课程，利用情境教学法开展诸多实践项目，如团队协作、领导力训练、公共演讲、创意思维培养等，可以为学生创造丰富多彩的学习环境，使他们更容易从中找到学习的乐趣和动力。以团队协作项目为例，若教师直接告诉学生如何在团队中协作，可能仅仅是一种理论知识的传授，学生可能感觉枯燥且乏味。但如果将学生置于一个真实或模拟的工作环境中，让他们在完成某一任务的过程中自然而然地体会到团队合作的重要性，他们就更容易对这一技能产生兴趣，从而快速掌握这项技能，因为在此过程中他们可以直观地看到自己的努力如何转化为团队的成功，从而产生持续学习和进一步提高的动机。

2. 促进知识的深层理解

在情境教学中，学生不再是单纯地吸收知识，而是需要在实际的情境中应用知识、解决问题。这种实践性的学习方式使得学生在理解知识的同时，能够更好地体验到知识的实际应用价值。在情境中，学生可能会遇到各种问题或困难，这需要他们自己去思考和分析，进而找到解决方案。这种反思和思考的过程，使得学生对知识有了更为全面和深入的了解。而当学生与他人在情境中交互、合作时，他们还会从他人那里得到不同的见解，从而进一步加深对知识的理解。

在素质拓展训练课程中，传统的教学方法更加注重对学生进行一些创意技巧和方法的传授，但是，如果将学生置于一个需要他们实际发挥创意的情境中，例如设计一个新的产品或解决一个复杂的问题，学生就有机会真正地应用他们所学的知识，并在实践中深化对这些知识的理解。

3. 提高知识的应用能力

当学生在情境中学习时，他们面临的不再是孤立的知识点，而是需要解决的实际问题。为了找到解决方案，学生必须综合运用所学的知识。这种将知识从理论层面转向实际应用的过程，不仅有助于加深学生对知识的理解，还能锻炼他们的应用能力。此外，情境教学法还强调与现实生活的联系。通过与实际生活情境的紧密结合，学生更容易发现知识的应用价值，从而更加珍视和积极地去应用所学的知识。不仅如此，情境教学法还可以为学生提供一个安全的环境去尝试、从失败中学习。当学生在尝试应用知识时遇到困难，他们可以在情境中反复实践，直到找到最佳的解决方案。这种不断的实践和修正，使学生在应对未来更为复杂的问题时，能够更有信心地运用所学知识。

在素质拓展训练课上，为培养学生的领导能力，教师可以利用情境教学法让学生参与到模拟的团队项目中，真正扮演领导的角色。在这个过程中，学生不仅要考虑如何制订策略和计划，还要关心团队成员的情感和需求，处理团队内部的矛盾和冲突。这种真实的经验让学生们能够更好地理解和掌握领导能力的各个方面，从而在实际工作中更加得心应手。

（三）情境教学法在素质拓展训练课程中的应用原则

情境教学法在素质拓展训练课程中的应用，旨在更好地提高学生的综合素质。为了确保情境教学法在素质拓展训练中的有效应用，教师需要遵循以下原则。

1. 体验性原则

人的认知活动是充满体验性的，而个体的认知层次和能力与其心理状态紧密相连。情境教学法强调将教学内容融入具体的环境中，目的是让学生得到更加直观且深入的认知和情感体验。在这样的教学过程中，教师引导下的学生体验和所诱发的感受是不可或缺的。体验性原则要求教师在与学习内容息息相关的情境或环境中，激发学生探索、识别问题，并鼓励他们基于自身的知识和经验去展开思考、释放想象力，从而找到答案或解决方案。体验性原则强调学生在思考的过程中重视学生学习的成果。因此，教学不应仅停留在让学生明白事物的表面现象，还应让他们深入理解背后的原因。不应只关注学生得到的正确答案，而应看重学生寻找答案的探索旅程和在这一过程中的情感沉浸，进而实现高效教学。

在素质拓展训练课程中应用情境教学法，教师需要为学生创设一个与他们日常经验相符的学习环境，使他们能够将所学与自己的生活联系起来。例如，在教授团队合作技能时，可以设计类似于学生日常生活中的团队任务，从而让学生在完成任务的过程中，真实地体验到团队合作的重要性和技巧。接下来，教师应鼓励学生深入参与活动，而不是仅仅作为旁观者。通过让学生主动参与，他们不仅能够更加深入地了解和体验知识，还能够在实践中遭遇并解决实际问题，这样的实践经验会深深地印在学生的记忆中。此外，教师还需注意引导学生进行反思。在每次活动结束后，教师可以和学生共同讨论他们在活动中的体验、遭遇的问题以及解决问题的策略。这种反思不仅能帮助学生理解并巩固所学，还能够让他们认识到自己的长处和不足，从而为下一次的活动做好准备。

2. 自主性原则

情境教学法强调师生之间相互信赖和尊重的关系，确保学生在教学中处于主体地位，体现教师的引导和启发作用。自主性原则鼓励教师从学生的实际需求出发，根据教学内容，巧妙地引导学生去探索和发现问题。教师应鼓励学生独立思考、积极探索，并持之以恒地追求答案，从而培育其主动学习和创新的意识。教学不仅仅是知识的传递，更是情感和态度的塑造。在这一过程中，师生间的相互理解和默契成为确保获得良好教学效果的关键。教师应以身作则，充分展现自身的经验和理念，激发学生的兴趣，并通过情感的激发和合理的解释，帮助他们深入理解和掌握知识。与此同时，学生在教师的指引下，也能更加深入地进行学科的探索，在认知上取得进步，在情感和态度上得到提升。

因此，在素质拓展训练中，应该避免对学生进行过多的干预，要从学生的实际需求出发，为他们提供适时的指导，鼓励学生自行发现和探索。例如，在进行团队合作的项目中，教师可以提供一些初始的情境或背景，然后让学生自己规划、组织和执行，从而真正体验到合作和探索的过程。同时，教师也应该认识到，每个学生的学习速度和方式都是不同的。因此，教师应当鼓励学生根据自己的节奏和兴趣来选择学习的路径，而不是采用固定的教学模式。这样，学生在课程中不仅可以积累知识，还能够培养自己的判断和决策能力。此外，教师还应该经常与学生交流，了解他们的想法和困惑，为他们提供合适的支持和建议，而不是单纯地强加自己的观点。这种相互信任和尊重的师生关系，将有助于培养学生的自主学习和创新精神，从而使素质拓展训练课程真正发挥其价值。

3. 互动性原则

互动性原则强调教师与学生、学生与学生之间的相互作用，确保每个参与者都在教学过程中积极参与、反馈和交流。在素质拓展训练中，互动能够使学生更深入地理解知识，因为它让学生置身于一个真实的、需要他们主动参与和反思的环境中。通过与他人的互动，学生能够从多个视角看待问题，发现自己的认知盲点，并及时调整自己的思维方式。因此，教师可以设计各种小组活动和讨论，使学生有机会在团队中发表自己的观点、听取他人的意见并达成共识。例如，教师可以组织一次角色扮演活动，让学生模拟真实的工作场景，然后在活动结束后进行反思和总结。通过互动，学生可以更加深入地理解知识，培养团队合作和沟通技巧，从而为未来的职业生涯和生活做好准备。

（四）情境教学法在素质拓展训练课程中的应用策略

情境教学法在素质拓展训练课程中的应用策略需要将课程内容与学生的真实生活和经验相结合，使学生能够在有意义的背景中深入学习和应用知识。在素质拓展训练课程中应用情境教学法，教师可采取以下策略。

1. 构建真实或模拟的情境

在素质拓展训练课程中，构建真实或模拟的情境不仅可以激发学生的学习兴趣，还可以帮助他们更好地理解和掌握知识。构建真实的情境是将学生置于真实的环境中，让他们直接面对、观察和解决实际问题。

构建模拟的情境则是在课堂或其他教学场所，利用各种教学手段和技术，为学生创造一个接近真实的环境。这种模拟的情境虽然不如真实的情境那么真切，但它更加灵活、方便，可以根据教学需要进行调整和变化。例如，教师可以设计一些角色扮演、情景模拟或案例分析的活动，让学生扮演不同的角色，模拟真实生活中的各种情境，进行交流、合作和决策。

在构建情境时，教师应注意以下几点：一是要确保情境与课程内容和目标相一致，不能脱离实际，盲目追求新颖和刺激。二是要根据学生的年龄、性格、兴趣和经验选择或设计情境，确保情境对学生有吸引力，能够激发他们的学习兴趣和动机。三是要关注情境中的互动和合作，鼓励学生积极参与，与他人交流和合作，共同解决问题。四是要随时观察和反馈，根据学生的反应和需要，适时调整和完善情境。总之，教师应根据教学内容和目标，结合学生的实际情况，灵活运用各种手段和技术，为学生创造一个有意义、有吸引力的学习环境，使他们能够在情境中深入学习和应用知识。

2. 鼓励学生主动参与

在素质拓展训练中，鼓励学生主动地参与，可以使学生更好地理解和掌握知识、技能，培养学生独立思考、解决问题和合作的能力，同时也能增强学生的学习兴趣和动机，使他们更加珍惜和善用学习的机会。因此，教师要营造一个开放、宽松、平等的学习氛围，对学生持有积极、肯定的态度，尊重他们的观点和选择，充分信任他们的能力和潜力。这样，学生就会感受到被尊重和支持，就会变得更加自信和勇敢，更愿意表达自己的想法和情感，更愿意积极参与各种学习活动。此外，教师还要为学生提供充分的机会和条件，使他们能够主动参与学习过程，让学生在这些活动中发挥主观能动性，与他人交流和合作，共同探讨和解决问题。这样，学生就能够在实践中体验和感受知识的价值和意义，从而更加珍惜和善用学习的机会，更加努力和投入。

3. 引导反思和总结

在素质拓展训练中，通过反思和总结，学生能够对自己的学习过程进行分析和评价，发现自己的优点和不足，从而更加明确自己的学习目标和方向，为今后的学习提供有力的指导和帮助。因此，教师应该鼓励学生珍惜和善用反思和总结的机会，使其成为学习的习惯和能力。教师可以通过各种方式，如提供奖励、进行评价等，激励学生更加积极、主动地参与到反思和总结的活动中，从而使其形成一个长久、稳定的学习态度和习惯。此外，教师还应该为学生提供多种工具和方法，帮助他们更好地进行反思和总结。例如，教师可以让学生写学习日志或反思报告，或者组织学生进行小组讨论、座谈会等活动，让学生在这些活动中相互交流和分享，共同探讨和解决问题，从而更好地理解和掌握知识、技能，培养批判性思维和自主学习能力。

第五节　课程教学评价

高校素质拓展训练课程的教学评价，不仅是对学生学习成果的衡量，更是一个引导学生走向更高、更远目标的重要手段，其强调对学生学习态度、团队协作、实践应用等多方面能力的综合考查。在教学过程中，评价可以为教师提供及时了解学生学习状况的途径。通过定期的检查和评价，教师能够发现学生在学习过程中上存在的问题，进而采取针对性的策略，调动和激发学生的学习积极性，引导他们更好地投入素质拓展活动中。另外，高校的素质拓展训练课程通常强调团队合作和实践操作。因此，除了对个人的知识掌握进行评价外，在素质拓展训练的教学评价中，其他参与者，如培训师和队友的评价也显得尤为重要。他们的反馈不仅可以更真实、全面地反映出学生在团队中的表现和贡献，也能提供关于学生与人交往、协作解决问题等软技能的宝贵信息。因此，相较于传统的知识测验，在素质拓展训练中，设置合理的教学评价结构更能体现出素质拓展训练课程的实质特点和教育目标，也更有助于学生形成全面的自我认知，明确自己的长处和改进的方向。

一、素质拓展训练课程教学评价的意义

（一）全面了解学生发展情况

素质拓展训练旨在培养学生的综合素质，如团队协作能力、领导才能、问题解决能力等。这些非知识性的能力难以通过传统的考试方式进行评估，需要依赖教学评价来综合评估学生在这些领域的实际表现。而教学评价可以提供多元、全面的评估视角，更能真实反映学生在课程中的实际收获。评价结果可以帮助教师全面了解学生在综合素质方面的成长，掌握他们在团队协作、领导才能、解决问题等方面的实际表现和进步情况。在素质拓展训练课程中，教师需要关注学生在各个方面的表现，看到学生在课程中所取得的进步，并及时发现他们在某些方面可能存在的不足或困难。例如，一个学生在团队合作的活动中表现出色，但在领导任务时显得畏缩，这可能意味着他在领导能力上需要进一步的培养和锻炼。

（二）指导教学活动

在素质拓展训练中，通过评价的反馈，教师可以调整教学策略和方法，使之更加贴合学生的实际需求，确保教学活动能够有效促进学生的全面发展。在素质拓展训练中，合理而有效的教学评价，能够帮助教师更有效地设计、组织和实施课程，确保学生能够在一个支持性的环境中获得最佳的学习体验。如果某个部分的反馈不佳，教师则可以通过教学评价，了解需要改进的方面。教师在素质拓展训练中，可以根据学生的

实时反馈，及时调整课程内容，确保它与学生的实际水平和需求相匹配。例如，如果一个活动对大多数学生来说过于简单，那么可以增加难度或引入新的挑战。相反，如果一个任务对许多学生来说太过困难，教师则需要降低活动难度，或者为学生提供更多的支持和指导。此外，教学评价还可以帮助教师建立与学生之间的沟通桥梁。当学生知道教师正在关注他们的进步，并根据他们的反馈调整教学方法时，他们更有可能对学习感到满意和并持续投入。

（三）激励学生学习

在素质拓展训练中，及时有效的教学评价可以为学生提供持续的学习动力，鼓励他们不断地追求卓越，实现自我超越。当学生知道自己的学习成果会得到认可和奖励时，他们的内在动力得到极大的激发。这种积极的反馈机制有助于培养学生对学习的热情，使他们更加珍视每一次学习机会。同时，当学生遇到困难和挑战时，对之前成果的肯定会成为他们继续前行的动力。

教学评价，可以为学生提供与自己的能力和努力相匹配的期望。它告诉学生哪些地方做得好，哪些地方还需要努力。这种明确的方向感和目标感，使学生更容易为自己制订合理的学习计划和策略，从而更有效地追求自己的学习目标。另外，评价过程中学生与教师之间的交流也对学生产生了积极的影响。学生可以通过教师的反馈了解到自己在哪些地方有待提高，这种及时的、针对性的建议能够帮助学生明确改进的方向，同时也让学生感受到教师对他们的关心和支持。

二、素质拓展训练课程教学评价的要求

（一）素质拓展训练的教学评价应该促进学生发展

素质拓展训练的核心目的是帮助学生实现个人的全面发展，进而在

未来的社会和职业生涯中能够更好地发挥其潜力。在这个过程中，评价不仅是对学生表现的判断，更是一个为学生提供指导、帮助和激励的过程。因此，素质拓展训练的教学评价应该是促进学生发展的。

当教学评价真正为学生的发展服务时，它变得更具指导性。教师可以根据评价结果，及时发现学生的优点和不足，进而为其提供更为精准的指导和支持。而学生则能从评价中获得及时、有价值的反馈，这不仅有助于他们调整学习策略，更能激发其内在的学习动力。一个合理的评价可以为学生提供他们在训练中的表现情况的清晰反馈，而且可以为他们提供明确的方向，帮助他们认识到自己的优势和需要改进的地方。这种反馈是宝贵的，因为它能使学生更加明确自己的目标，更有针对性地进行努力。而在素质拓展训练中，学生往往面临各种挑战和困难，可能会遭遇失败和挫折。一个正面、有建设性的评价可以为学生提供必要的鼓励和支持，帮助他们保持积极的态度，从挫折中学习并积累经验。此外，评价还能为教师提供宝贵的信息，使他们了解学生的需求，从而调整教学策略，更有针对性地为学生提供帮助。这是一个双赢的过程：学生得到了更有针对性的指导和支持，而教师也能更有效地开展教学工作。当学生意识到评价不再是单纯地给予他们标签，而是真正关心他们的成长时，他们更可能积极参与训练，敞开心扉与教师沟通，共同寻找最佳的成长路径。简而言之，素质拓展训练教学评价的最终目的应当是促进学生的全面发展。这种评价方式不仅能为学生提供更为宝贵的学习经验，还能为教师满足学生的个性化需求指明方向，从而实现教育的真正意义。

（二）素质拓展训练的教学评价应该激励每位学生

素质拓展训练的教学评价应该激励每位学生，这是由教育的本质以及学生的心理和学习过程中的动力机制所决定的。

在教育的实践中，教师应该认识到每位学生都是独特的，他们拥有不同的背景、兴趣和潜力。因此，统一、刻板的评价方式往往不能公正地反映每位学生的真实能力和努力。公正、充满鼓励的评价体系才能够帮助学生建立正确认知，增强自信，从而更加积极地投入学习。心理学研究也表明，人们在遭遇挫败或不被认可时，往往会陷入挫败感，失去学习的动力。反之，当学生的努力被看见、当他们的进步得到认可，他们会产生更强烈的成就感。这种成就感会变成强大的动力，驱使他们继续努力、不断超越。此外，激励并不仅仅是对学生的表扬或者奖励，它还是一种指导和反馈。通过评价，教师可以为学生指明方向，帮助他们看到自己的潜能，同时也可以为他们提供改进的建议，帮助他们找到更有效的学习方法。因此，在素质拓展训练中，教学评价的目的并不是为了给学生一个分数或者等级，而是应该成为促进学生成长的工具。当评价真正为学生的发展服务，激励他们不断前进时，每位学生才能在素质拓展训练中取得最大的收获，发挥出自己的潜能。

（三）应该用掌握和发展这两把尺子评价学生

在进行素质拓展训练的教学评价时，教师采用“掌握”与“发展”这两种尺度来评价学生，这是因为它们既能反映学生当前的能力状态，又能揭示学生潜在的成长空间，从而为教学活动提供更全面的信息。

“掌握”是一个相对明确、固定的评价标准，它关注的是学生在特定时间点的知识和技能水平。通过对学生的“掌握”情况进行评价，教师可以清晰地了解学生在某一方面的具体表现，确定他们是否达到了预定的学习目标。这种评价方式为教师提供了一个客观、量化的反馈，帮助他们判断学生是否具备了进入下一个学习阶段的基础。

“发展”作为评价的另一重要尺度，更关注学生的潜能和成长趋势。它不仅仅看重学生的现有能力，更着眼于学生的进步和潜在可能性。这种评价方式强调学生的个体差异和独特性，允许教师从更加深入、微观的角度观察和了解每个学生。它鼓励教师从长远的、发展的角度看待学生，而不是仅仅局限于短期的、表面的成果。

结合“掌握”与“发展”两种尺度，教师能够更为全面地评估学生，这不仅有助于激发学生的学习动力，还能够为教师提供更加丰富、多元的反馈，指导他们进行针对性的教学调整。而当评价更注重学生的发展与潜能，而非仅仅是当前的成果时，学生也更容易建立起积极的学习心态，与教师共同努力，追求更高的目标。

三、素质拓展训练课程教学评价的结构

从考核内容上看，素质拓展训练课程的考核结构应该主要包括出勤率和课堂表现、基础知识、实践能力、心理适应能力四个方面的内容，其中出勤率和课堂表现主要关注学生的学习态度和参与意识，占比20%；基础知识主要学生对课程内核心理论和概念的掌握，占比30%；实践能力考查学生将所学知识应用于实际情境中的能力，占比30%；心理适应能力考查学生在面对挑战和压力时的应对和适应能力，占比20%。

从考核主体上看，素质拓展训练课程教学评价的结构可以包括自我评价、同伴评价和教师评价。其中，自我评价鼓励学生对自己的表现进行反思和评价，帮助他们认识自己的长处和不足。同伴评价由学生的队友或小组成员进行，侧重团队合作和互动中的表现。教师评价则是基于教师的观察和了解，对学生的整体表现进行评价。

从考核过程上看，素质拓展训练课程教学评价的结构主要包括过程评价和结果评价。过程评价侧重学生的学习过程，如学生参与活动的态度、团队合作中的表现、与他人的互动等。它有助于教师了解学生的学习习惯、态度和策略，进而调整教学方法，满足学生的个性化需求。结果评价，重点在于学生最终的表现和成果。例如，通过某一项团队任务来看学生是否能够有效应用其所学的知识和技能。

四、素质拓展训练课程教学评价的实施策略

在素质拓展训练中，教师不能仅仅依靠固定的量化标准来评估学生的表现，而是应该从多维度、多角度去观察和理解学生的实际成果和能力表现，从而真正地促进学生的全面发展和长期成长（图 5-8）。

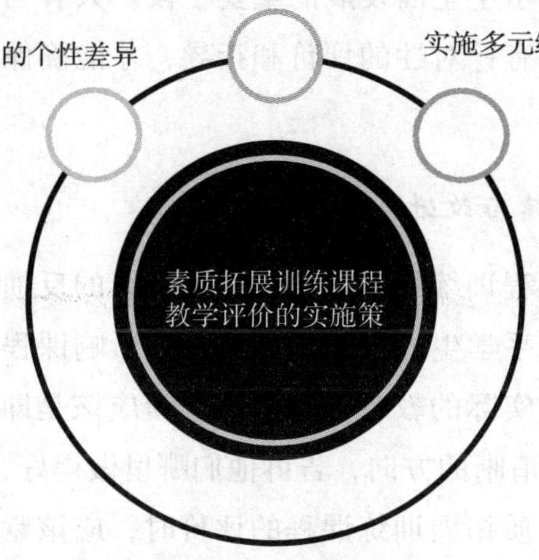

图 5-8　素质拓展训练课程教学评价的实施策略

（一）注重学生的个性差异

每位学生都有其独特的性格、兴趣和学习方式，因此，单一的评价标准很难完整地反映出学生的全貌。对于素质拓展训练这种注重培养学生的综合素质和实践能力的课程，更应该关注学生在团队合作、创新思维、解决问题等方面的表现。当教师在进行素质拓展训练课程的教学评价时，注重学生的个性差异意味着要从每位学生的实际出发，为其提供定制化的评价与指导。这需要教师有深入了解每位学生的能力、兴趣和需求，以及与学生建立真挚的师生关系，从而确保评价的公正性和针对性。为了实现这一目标，教师可以通过开展个别化的访谈、观察和反馈活动，来深入了解学生的学习状态和需求。例如，通过与学生的面对

面沟通，教师可以更为直观地感知学生的学习难点、兴趣点和期望，从而为其提供更为合适的指导和支持。此外，教师还可以鼓励学生自我评价，以帮助学生提高自我认知和反思能力。当学生能够明确自己的长处和短板，他们更容易接受和采纳教师的建议，从而促进自身的发展和成长。总之，注重学生的个性差异不仅是教师的职责和担当，更是有效提高教学效果、促进学生全面发展的重要手段。只有当教师真正站在学生的角度，为其提供有针对性的评价和指导，才能确保教育的真正价值得到体现。

（二）持续反馈与改进

在素质拓展课程训练的教学评价中，持续的反馈与改进是至关重要的，因为这不仅关乎学生的进步和发展，还影响课程的实际效果和教学方法的适应性。在实际的教学活动中，反馈应该是即时的、具体的，它能为学生提供一个清晰的方向，告诉他们哪里做得好，哪里需要改进。

教师在进行素质拓展训练课程的评价时，应该紧密关注学生在各项活动中的表现，并在活动结束后立即给予学生具体、建设性的反馈。这种即时的反馈可以帮助学生更好地理解自己的长处和不足，从而做出相应的调整。而对于教师自己，这种持续的观察和反馈也为他们提供了宝贵的信息，帮助他们了解哪些教学方法有效，哪些需要改进。但仅仅提供反馈是不够的，关键是如何利用这些反馈来进行教学改进。教师应该根据学生的表现和需求，不断调整和完善教学内容、方法和策略。这可能涉及修改课程计划、引入新的教学材料或方法，或者重新设计某些活动。这种基于反馈的改进不仅可以提高教学效果，还可以帮助学生更好地发展自己的潜能。而对于学生来说，知道自己在哪些方面做得好，哪些方面需要加强，是非常重要的。这不仅可以帮助他们建立自信，还可以指导他们如何更有效地学习。

（三）实施多元综合评价

多元综合评价是对学生的学习和发展进行全方位、多角度的评价，这种方法特别适用于素质拓展训练课程，因为这类课程旨在培养学生的多种能力和素质，不仅仅是知识和技能。教师在进行素质拓训练展课程的教学评价时，多元综合评价不仅能更准确、全面地评估学生的表现，还可以为学生提供更丰富、有针对性的反馈，从而更好地促进其发展。

注重多元综合评价意味着教师不再依赖单一的评价工具或方法。例如，除笔试之外，教师还可以根据学生的课堂参与、小组合作、实践项目、日常表现等情况对其进行综合评价。这样，教师就可以从多个维度了解学生的学习状态，包括他们的认知、情感和行为。为实现多元综合评价，在日常的教学中，教师可以通过观察学生的课堂行为、参与度、互动情况等，收集关于学生学习和表现的信息。在素质拓展训练课程中，教师应该灵活运用各种评价工具和方法，确保评价的真实性和有效性，从而更好地促进学生的全面发展。

实践案例：

江苏财经职业技术学院素质拓展训练课程教学案例

一、章节名称

破冰起航—通用能力—自我管理能力—总结与分享

二、教学目的

素质拓展训练是以一种体验式的学习，其将大部分的课程安排在户外，精心设置了一系列新颖、刺激的情景，旨在锻炼和提升学生的社会适应能力。

三、教学重点

以课堂教学为主阵地，以学生社团活动等课外活动为补充，认真组织校园文化活动，丰富校园文化生活，并促进学生的全面发展和提高。

四、教学难点

每一个项目都要从受训学员实际需要的各种能力出发，制定具体的任务（项目），讲解具体的过程和规则。每个项目的教学过程为：任务设置、项目分析、讨论实施（团队内部合作或团队之间 PK）、评估反思、总结分享。通过教、学、做的结合，学生从了解为何做、到理解为何这样做，再到做什么，最后掌握怎么做，其应用能力得到了培养，完成了“获取——实践——内化——反思——总结”的认识过程。在整个教学过程中，始终以学生为“中心”，以实践为“核心”。

五、时间安排

表5–1 素质拓展训练课程教学时间安排

时 间	培训项目	时 长	目 的
（上午） 8：00–11：00	破冰启航	8：00–9：00	组建团队、熟悉队友、热身准备
	螃蟹拳		投入活动、明确核心、听从指挥
	支持队长	9：00–10：00	明确自己的任务，提升团队成员的责任感，增强抗压能力与解决问题的能力
	盲人方阵		
	信任背摔	10：00–10：50	
	挑战 360		
	回顾总结	10：50–11：00	团队理念的总结分享

续　表

时 间	培训项目	时 长	目 的
（下午） 2：00–5：00	听数抱团	2：00–2：40	调动学生的参与积极性，检验大家的反应能力
	生日接龙		
	穿越电网	2：40–4：10	确立方案，明确分工；有效利用资源；相互协作；掌握面对困难时应具备有的态度和做事方式；摆正个人在团队中的位置（角色定位）
	管道传球		
	网阵		
	中空十连环	4：10–4：55	直面挑战，勇于突破
	回顾总结	5min	团队理念的总结分享

第六章 高校素质拓展训练安全体系

第一节 高校素质拓展训练的安全保护原则

高校素质拓展训练课程往往伴随着一系列的体验活动，包括高强度的体育运动、心理挑战和户外探险等。因此，高校在组织这类活动时，必须严格遵循安全保护原则，确保每一位学生都能在安全的环境下参与和受益。学生的生命安全是学校和教师的首要职责，任何一个活动，无论其教育意义有多大，都不能以牺牲学生的安全为代价。事故的发生不仅会给学生带来身体伤害，还可能对他们的心理健康造成长期的负面影响。安全事故，会严重影响素质拓展训练的效果和学生的参与积极性。当学生担忧自身的安全时，他们不太可能全身心地投入训练中，这直接阻碍了训练目标的实现。再者，频繁的安全事故会导致学生、家长和社会丧失对素质拓展训练的信心丧失，进而对学校的声誉产生负面影响。这不仅会影响学校的招生，还可能导致学校在教育领域的地位受到质疑。所以，无论是从学生个人、还是从学校角度上看，安全保护问题都是高校开展素质拓展训练不容忽视的重要问题。

为降低训练风险，保护学生安全，在开展素质拓展训练时，教师应遵循以下几点原则。

一、预防为主原则

预防为主原则是一种在事前采取措施，避免事故或不良情况发生的管理策略。这一原则强调在事故发生之前就进行活动项目风险评估、制定应对策略和提前采取预防措施，而不是在事后才采取补救行动。这种方法的核心思想是“未雨绸缪”，旨在最大限度地减少潜在的风险。

在素质拓展训练中，活动本身往往涉及各种挑战和困难，这些困难和挑战的设立是为了锻炼学生的各种能力。然而，这些挑战性的活动同时也可能带来安全风险。如果不进行适当的预防和准备，学生可能会面临受伤的风险。因此，遵循预防为主原则不仅可以保障学生的身体健康，还可以确保教学活动的顺利、高效进行。因此，教师应当认真进行每项活动的风险评估，了解每个环节可能出现的问题、识别潜在的风险因素，然后制定相应的应对措施。例如，如果一个户外拓展活动可能会涉及陡峭的山坡，那么教师就应该考虑为学生配备安全绳索、头盔等安全设备。同时，教师还应该对学生进行必要的培训和指导，确保他们了解并能够遵循安全规程。培训可以通过简短的培训会议、发放安全手册或观看安全教育视频来实现。此外，教师应当时刻保持警惕，密切关注学生在活动中的行为和环境中的变化，确保能够及时识别并处理任何潜在的风险。总之，保护学生安全，应遵循预防为主原则，教师要对活动进行全面的风险评估，制定并实施预防措施，对学生进行培训并密切监控活动进程，确保所有的风险都得到妥善的管理和控制。

二、双重保护原则

双重保护原则是指在安全管理和控制过程中，不能仅依赖于一种安全措施，而是要采取两种或两种以上的措施，确保即使一种措施失效，另一种仍然可以起到防护作用。

在素质拓展训练中，由于活动本身存在许多不可预知的变数，因此，遵循双重保护原则是极为关键的。例如，某个项目可能涉及高空操作，即使学生都配备了安全带，仍然存在安全带故障或误操作的可能性。为此，除了安全带，还应该有安全网或垫子等进行二次保护。

遵循双重保护原则的核心在于对每一个活动环节进行细致的风险评估，识别可能的风险，并针对每一种风险提供至少两种防护措施。这要求教师具备深厚的安全知识和丰富的经验，对各种可能出现的情况有充分的预见性。实施双重保护原则时，教师需要确保每种安全措施都得到妥善的维护和检查，确保其功能完好。同时，教师也应该对学生进行培训，让他们了解双重保护的重要性，并教授他们如何正确使用各种安全设备。除此之外，教师还应该建立紧急应对机制。因为即使进行了双重保护，仍然不能完全排除发生意外的可能性。教师应当制定应急预案，确保一旦发生意外，可以迅速而有序地进行处理。例如，在开展“信任背摔”项目时，每一步操作都应有相应的安全措施来确保学生安全。当学生勇敢地爬上背摔台时，教师的首要任务是确保背摔台的架子是稳固的，与此同时，教师必须确保学生的绑带和背摔绳均已稳稳固定。此时，尽管学生已经处于相对安全的状态，但教师还需进一步确保学生在台子上已经站稳，确保其后倒的方向没有任何尖锐物，并对背摔绳进行持续的监控。当学生开始后倒，接人的队员是第二道保护屏障。他们的站位、手臂的位置，以及是否做到弓步站立都是至关重要的，因为其对缓解学生落地的冲击力，确保其安全有重要影响。

三、器械备份原则

器械备份原则是指在进行素质拓展训练时，所有关键的、训练中需要用到的器械或设备都应有相应的备份或替代品，以确保在原器械或设备出现故障或损坏时，活动能够继续进行，同时确保学生的安全。

素质拓展训练过程中的各个项目往往涉及一系列复杂的器械或设备，如攀爬绳、安全带、脚手架等。这些器械的完好与否直接关系到活动能否顺利进行以及学生的安全。然而，在实际操作中，器械因使用频繁或其他原因可能出现损坏或故障，这时，如果没有备份的器械，可能会导致活动的中断，甚至出现安全事故。因此，遵循器械备份原则是对学生负责，也是确保活动顺利进行的必要措施。在活动开展前，教师应对所有器械进行检查和维护，确保其安全性。同时，对这些设备进行备份，并将其存放在容易取用的地方，以便在需要时迅速替换。在活动开始前，教师还应向学生介绍各种器械的使用方法和安全注意事项，确保每个人都能正确、安全地使用器械。例如，对于空中单杠这样的项目来说，单一的保护绳或主锁远远不能保证学生的安全，应在单杠前后各设一个保护点，并采用两条独立的保护绳连接不同的主锁，确保当某一绳索或主锁出现问题，另一条绳索和主锁仍能保证学生的安全。这种主锁锁门异侧挂在连接点上的设计，更是增加了活动的安全性。

四、多次复查原则

多次复查原则是指在素质拓展训练中，为确保各种设备、器械和操作过程的安全，教师和负责人应在关键节点和步骤上对器械进行反复检查，以消除隐患，确保流程的正确性与安全性。它体现了对学生生命安全的尊重和负责任的态度。

在实践中，错误往往发生在细节或疏于检查的地方。尤其在素质拓展训练中，一个小小的疏忽可能导致不可预知的安全隐患。因此，多次复查原则的提出，是为了强化操作的标准化和流程的规范化，避免因单一检查遗漏的隐患造成不良后果。

对此，教师首先要明确检查的内容和标准。例如，对于绳索、扣环、保护设备等关键器械，应详细检查其完整性、牢固度和工作状态。其次，教师或负责人需要对操作流程进行熟悉和掌握，确保每一个步骤都在可控的安全范围内。在此基础上，每当完成一个关键步骤，都要进行复查。此外，可以邀请其他教师或参与者进行交叉检查，增加检查的严密度和覆盖面。最后，培养学生的自我检查意识也是多次复查原则的一部分。教师应教导他们在参与活动前后，自行检查器械和装备，确保自身的安全。通过这样的方式，形成一个从上到下、从教师到学生的全方位检查体系，使安全得到真正的保障。例如，在开展“空中断桥”项目时，学生准备上桥之前，他们会先自行检查自己的装备，如安全带、头盔等，确保其完整性与正确性。紧接着，队长和其他队友也会对该名学生的设备进行二次核验。当学生踏上断桥时，教师会负责最后一轮的核查，主要关注安全带是否紧固、头盔是否扣牢等关键步骤，最大程度保证学生的安全。

五、全程监护原则

全程监护原则强调在素质拓展训练的每一个环节，从活动的开始到结束，学生的行为、状态和设备都应该在专业人员或教师的密切监控下进行，以确保训练的顺利进行和每位参与者的安全。

在素质拓展训练中，各种活动往往具有一定的挑战性和风险性。尽管这种风险性是可控的，但仍然需要专业人员的指导和监督，以确保学生安全。全程监护原则的遵循不仅有助于预防意外情况的发生，还能够帮助学生在安全的环境中充分体验活动，从而更好地达到训练的目的。

因此，在活动开始之前，教师应充分了解每一名学生的身体状况和特殊需要，以便为他们提供适当的指导和帮助。在活动中，教师应随时注意学生的反应和行为，以便及时发现并处理可能出现的问题。除了个别指导和帮助，教师还应确保有足够的教练或助教与他们一起监控活动，确保每个学生都得到了足够的关注。此外，教师应确保所有的设备都经过了充分的检查和维护，以减少由于设备故障造成的风险。以“求生墙”这一项目为例，任何一丝的不合规动作或潜在的风险行为都必须被迅速识别并得到及时纠正。例如，学生在攀爬求生墙时可能因疲劳或技巧不熟而采取错误的攀爬姿势，这时，教师和监护人员应迅速指导并纠正其动作，以防止学生摔落或受伤。同时，已经攀爬上去的学生可能因为欢呼、交谈或其他因素而分心，从而增加跌落风险。因此，监护人员不仅要关注正在攀爬的学生，还要确保已经成功爬上去的学生保持安静，不随意走动。

只有在一个安全、受控的环境中，学生才能真正体验并有所收获。因此，教师要强调每一项安全原则的重要性，并敦促所有参与者始终将其作为优先事项，确保每一次素质拓展训练都是一个有意义、愉快且安全的经历。

第二节　高校素质拓展训练的安全保护措施

高校素质拓展训练注重个人能力和团队合作能力的培养，往往涉及一系列的室内、室外实践活动。为确保这些活动能在一个安全的环境中进行，必须采取一系列的安全保护措施。

一、专业培训和资质认证

为提升高校素质拓展训练的安全性，素质拓展训练的教练和负责人应拥有相应的专业资格和培训经验，他们不仅要熟悉各种素质拓展活动的流程和技巧，还要具备紧急情况下的应对能力。

专业培训是一个系统的过程，通常由有经验的机构或教育者提供，旨在确保素质拓展训练的教练掌握必要的技能和知识。这种培训不仅仅涉及具体的拓展活动技巧，还包括怎样评估风险、怎样在紧急情况下采取行动以及怎样与学生有效沟通等方面的内容。资质认证则是对这些教练所学知识和技能的一个正式认可。认证的过程往往需要教练经过严格的考试和评估，证明他们不仅了解理论，还能在实际中应用所学，确保学生的安全。

在素质拓展训练中，每一个活动、每一个细节都可能关系到学生的身体健康甚至生命安全。只有受过专业培训和经过资质认证的教练，才能在这种高度专业化的环境中为学生提供充分的保障，确保他们在探索和挑战自己的同时，不会面临不必要的风险。因此，各高校在开展素质拓展训练时，应着重选择那些拥有专业背景、经过严格培训和认证的教练团队。高校执教的素质拓展训练教师，需要参加国家企业培训师的严格培训和考核，取得拓展培训师中级职业资格证书或更高级别的资格证书。

在当前的拓展行业发展中，众多具有一定规模的培训机构都已构建了自身独特的内部认证体系以及对培训师的评定标准。这些标准普遍地将拓展培训师的职称分为助理、初级、中级和高级等级。更为细致的分类还将拓展活动指导和拓展教育培训进行了区分，明确了其各自的工作范畴。由于拓展训练课程的特殊性，期望从事此类教学的培训师必须经过严格和规范的拓展培训程序。为满足这一需求并强化培训师队伍的建设，国家体育总局与中国定向运动协会、全国定向拓展培训标准化评审委员会，根据国家的职业资格认证标准，结合我国在人力资源、体验式训练、拓展教育、户外运动、青少年教育、素质教育以及体育产业的实际情况和发展前景，经过广泛征询各方权威专家的意见，共同推出了“定向拓展培训师”执业资格认证。这一认证旨在促进素质教育的健康、稳步发展，确立了拓展培训师的专业性和权威性。那些成功通过认证考核的培训师，不仅可以获得国家体育总局与中国定向运动协会颁发的“定向拓展培训师”职业资格证书，而且还会被国际培训认证协会授予中级“体验式培训师”资格证书。因此，拓展培训师现在已被分为初级、中级和高级三个更加明确的等级。高校素质拓展训练教师应该具有足够的经验和技能来引导学生展开素质拓展训练活动，应经过专业培训，并获得相应资格认证。此外，高校也可以与第三方培训和认证机构合作，为自己的教练团队提供持续的培训和进修机会，确保他们的知识和技能始终与时俱进，满足学生不断变化的需求。

二、安全培训与教育

安全培训与教育是指将正确的操作方法、预防风险的策略和应急响应措施等知识传授给相关人员，确保他们在实际操作中能够遵循这些原则，从而大大降低事故发生的可能性。

在素质拓展训练中，安全培训与教育具体是指对学生及相关工作人员进行系统的、结构化的安全知识和技能的教授。这不仅涉及理论知识的传授，例如，识别各种潜在风险、了解紧急情况下的应对措施，还包括实际操作技能的训练，如使用安全设备、进行基本的急救操作等。此外，通过模拟实际情境的演练，学生可以在相对安全的环境中模拟应对各种紧急情况，从而增强其在实际发生意外时的应急处理能力。

安全培训与教育的核心在于预防。理论上，只有充分了解潜在的风险和危险，学生才能够在面临这些风险时作出正确的判断和应对。此外，通过培训，学生可以培养出一种内化的安全意识，使其在参与活动时始终保持警觉，避免不必要的风险。即便是再完善的安全规章制度，如果工作人员、管理者或参与者对它们一无所知或不明白如何正确执行，那么这些规章制度的存在也会变得毫无意义。人为的疏忽或操作失误常常是事故发生的主因，而通过系统的培训和教育，高校可以预防这些因素，同时也能让每个人都了解并遵循安全的标准操作程序。

因此，教师应先确立明确的培训目标，并根据目标制定培训内容。这些内容应涵盖日常操作的安全指南、潜在风险的识别及避免方法、紧急情况下的响应措施等。接下来，选择合适的培训方式，例如，面对面的培训、在线课程、实地模拟练习等，以确保培训效果达到预期。培训与教育的过程并不是一次性的，而是应该定期进行，以适应新的设备、工艺或技术的变化。此外，评估培训效果也是不可或缺的一环。通过测试或模拟演练，教师可以了解学生对培训内容的掌握程度，从而对培训内容或方法进行调整，以增强培训效果。

三、限制人数和活动强度

活动中的人数限制是为了确保每位参与者都能在相对安全的环境中进行训练。过多的参与者可能导致资源分配困难，使得一些学生得不到足够的关注，从而增加事故发生的概率。当教师无法对每一个学生进行有效的观察和指导时，可能会忽视一些即将出现的潜在风险。另外，如果活动场地容纳的人数过多，过多的人员会导致空间拥挤，增加摩擦和碰撞的风险。适当限制活动的强度对于保证学生的安全至关重要。强度太高的训练不仅会使学生在身体上感到过于劳累，甚至可能导致身体受伤。更为重要的是，心理压力和身体疲劳可能影响学生的判断能力，使他们在决策时犯错误，增加活动风险。

为了确保人数在可控范围内，教师在策划阶段就应考虑到活动所需的人手和资源。报名参加活动的学生人数应该与可用的教练和教员、设备和场地等资源相匹配。这也意味着，如果某次活动的资源有限，应当及时停止报名，或者考虑分批次进行素质拓展训练活动，确保每批次的学生人数都在可接受范围内。在确定活动强度时，教师应充分考虑参与者的平均身体素质和经验。如果多数学生都是初学者，活动强度应相对较低，以确保每个人都能跟上。随着时间的推移和学生技能的提高，活动强度可以逐渐增加。教练或教员在训练过程中也应密切观察学生的反应，一旦发现某些活动对学生来说过于困难，应立即进行调整。

四、设置现场医疗和急救设施

任何活动都存在一定的风险，意外伤害、突发疾病或其他不可预见的医疗紧急情况随时可能发生。因此，及时的医疗介入和急救处理能在一定程度上降低活动风险，为学生提供一个安全的训练环境。在素质拓展训练中，高校要确保训练现场备有急救药品和设备，并有专人负责，以便在出现意外伤害时能够进行及时处理。教师要确保训练现场拥有完备的急救箱，内置常见的急救用品，如创可贴、纱布、绷带、消毒剂、冰袋、热水袋等。一些特定的活动，还需要根据可能的伤害类型增加特定的设备或药物。此外，较为复杂和危险的活动，甚至可以考虑配备专业的医疗人员或救护车。有了现场的医疗和急救设施，组织者可以迅速对受伤或突发疾病的学生进行初步的处理，减少伤害的严重性。例如，如果出现学生不慎摔倒导致的骨折等情况，现场急救能够及时为其固定，防止进一步的伤害，同时缓解疼痛。此外，对于某些需要紧急处理的情况，如窒息、过敏反应等，现场的快速反应则可以抓住抢救的黄金时间。除了现场的处理，素质拓展训练的组织者还应确保有快速安全的方法将受伤的学生转送到更专业的医疗机构，以保证在面对突发状况时受伤人员能够获得及时且正确的医疗救助。

五、加强活动规范和流程管理

制定详尽的活动规则和流程，并确保活动的每位参与者都能够严格遵守。这可以避免因操作失误或管理不当导致的安全事故。

活动规范和流程管理是为了确保活动的每一步都经过深思熟虑，并已采取了必要的安全措施。规范化的过程可以确保每次活动的执行都遵循一致的标准，可以减少因为疏忽或误解而导致的风险。此外，明确的流程和规范也给学生提供了一个明确的期望框架，使他们知道自己在何时应该做什么，从而避免了不必要的混乱和伤害。因此，教师需要梳理和设计全面的活动流程，从活动开始到结束，每一个阶段都应该有明确的步骤和要求，包括准备阶段的设备检查、活动开始前的简介、活动中的各个环节以及活动结束后的总结和反馈。此外，为确保学生的安全，教师还应该制定详尽的活动指南和规范，这些指南应该详细描述活动中的每一个步骤和期望的行为标准。例如，如果活动中有攀爬的部分，规范应明确参与者应该如何正确使用安全带和其他相关设备。

第三节　高校素质拓展训练的意外伤害与处理

高校素质拓展训练因其特殊性，存在一定的意外伤害风险。理解这些风险并采取合适的预防和应对措施，对于保障学生安全和确保训练效果至关重要。也就是说，高校素质拓展训练中的意外伤害是可以预防的。通过合理的规划、有效的培训和充分的准备，可以最大程度地减少这些风险，并确保每位参与者的安全。因此，本节主要探讨素质拓展训练中常见的几种意外伤害，并给出相应的处理措施。

一、中暑

中暑的发生往往是因为高温和潮湿的环境与身体长时间的劳动或活动相结合，加上衣物、饮食和体力等因素，使得身体的散热机制受到妨碍，导致体温异常上升。中暑的早期表现为面色潮红、头痛、眩晕、乏力，甚至恶心和呕吐。若不及时处理，病情可能进一步发展，导致热射病，其症状包括高热、意识模糊，严重时甚至会危及生命。

为预防中暑，在高温季节，应尽量避免在中午时分进行户外活动，这是一天中最热的时段。应确保学生穿着透气、轻薄的衣物，以帮助身体散热，并提醒他们经常喝水，保持水分平衡。在训练过程中，若发现学生中暑，应先使病人迅速脱离高温环境，避免继续受到太阳的直射和高温的炙烤。最佳的做法是将病人迅速搬到一个阴凉和通风的地方，以助于身体散热。此时，病人的衣物可能限制了其散热能力，因此，应及时松开病人的衣扣，确保其身体的每一个部位都能得到充分的通风。接着，为了帮助病人恢复电解质平衡和降低体温，应给予其含盐的凉开水。在此过程中，可根据情况为其服用人丹或十滴水，并涂抹清凉油，以缓解身体的不适感。对于高热的中暑病人，物理降温是必不可少的措施。可利用冷水或冰水，甚至在水中加入少量酒精进行擦身。这些方式可以迅速帮助病人散热。特别是头部、颈部、腋下和腹股沟这些大的血管集结区域，放置冰袋会有显著的降温效果。此外，如有条件，使用电扇吹风也是一个非常有效的降温方法。对于病情较重的中暑患者，应立即寻求医疗援助。在等待救护车到来的过程中，保持学生平躺姿势，解开紧身衣物，并持续观察其生命体征。

二、溺水

在高校的素质拓展训练中，当涉及水上活动时，溺水是有可能出现的意外伤害之一。在溺水情况下，呼吸道中的水会阻碍气体交换，导致人们无法呼吸。与此同时，水的冲击还可能引发喉部的反射性痉挛。若未及时得到抢救，这种状态将迅速导致窒息和严重缺氧，危及生命。导致溺水的原因有很多，可能是由于学生的游泳技能不足，水流太强，或是在水中突然出现的紧急情况，如抽筋或其他人的无意碰撞。因此，预防措施尤为重要，应确保每位参与者都了解基本的安全知识和技巧。

当发生溺水事故时，迅速采取措施对受伤者进行施救至关重要。首先，确保自身安全，然后尽快接近受伤者，帮助其浮出水面。如若受伤者失去意识，应立刻对其进行人工呼吸，确保其氧气供应。在救援受伤者时，保持冷静和专注是非常关键的。在水中尝试抬起受伤者可能会让双方都面临更大的危险，因此，最好的方法是使受伤者浮在水面上，同时拖着其尽快到达岸边或安全地带。将受伤者带到安全地方之后，应清除其口鼻中的泥沙和异物，确保呼吸道通畅。可以将其腹部轻轻压在救援者的腿上，头部稍微下垂，轻轻按压背部，或者站起来轻柔抱起其腹部，帮助其排出胃部和气管中的水分。如若受伤者没有呼吸或脉搏，应立即对其进行心肺复苏，并尽快寻求专业医疗救助。

三、虚脱

虚脱是指因自身或外界因素，如疲劳、饥饿、过度紧张或高温等原因导致的短暂性意识丧失或身体机能的短暂下降。剧烈的运动、长时间的日晒、过度的饥饿或脱水都有可能导致虚脱。当学生体验诸如攀岩、徒步或其他高强度活动时，若没有适当的休息和充足的饮食补给，很容易导致身体不适，甚至虚脱。

当有学生发生虚脱时，教师应该将受伤者移到安全、阴凉的地方，并让其平躺下来。接着，可以适当地为其提供清水，确保他们得到充足的水分补充。如果受伤者感到饥饿，也可以给予其一些含糖量高的食物，如饼干或糖果，以恢复其体力。若受伤者在一段时间内没有恢复意识或状况进一步恶化，必须立刻寻求医疗援助。

四、晕厥

晕厥，也被称为短暂性意识丧失，是大脑短时间内得不到足够的血液供应而引发的。这种现象可能由多种原因引起，包括体力劳累、过度呼吸、情绪激烈或身体其他部位的疾病。晕厥发生时，学生可能突然感到头晕、恶心或虚弱，并可能在数秒或数分钟内失去意识。虽然晕厥在大多数情况下并不会对生命造成威胁，但失去意识时可能导致跌倒或其他伤害的发生。

如果发现有学生发生晕厥，教师应将病人放在平坦的地方，并确保其呼吸道畅通。为了帮助大脑重新获得足够的血液供应，最佳的位置是使病人平躺并抬高其双腿。如果可能的话，为其提供新鲜空气或使用扇子为其扇风。若病人恢复意识，也不能立即让其站起来，而是应让其继续保持坐卧姿势数分钟，确保其意识和身体状态完全恢复。

为了预防晕厥的发生，教练和负责人应密切监视学生的身体反应，特别是在高强度或高温环境下的活动。确保学生有充足的休息时间，保证学生的水分摄入，避免其过度劳累或情感上的压力。

五、电击伤

在使用电气设备或进行与电有关的活动时，存在一定的电击风险。电击伤是电流通过身体时造成的伤害。这种电流可能会引起心跳不规律、呼吸困难、严重的烧伤等情况，甚至可能导致死亡。

处理电击伤时，应先立即切断电源，阻止电流继续流过受伤者的身体。但在操作前，必须确保自己的安全，避免成为下一个受伤者。如果无法直接关闭电源，应使用不导电的物体如木棍或橡胶靴将受伤者与电源隔离。确保脱离电击之后，检查受伤者的生命体征，特别是呼吸和心跳。如果受伤者呼吸或心跳停止，应立即开始对其进行心肺复苏（CPR）。由于电击伤可能导致身体内部伤害，即使受伤者表面看似恢复正常，也必须将其尽快送往医院进行进一步的检查。

六、关节脱位

关节脱位是指两个相互连接的骨头在关节处被迫分离。这种伤害通常是由摔倒、扭伤或直接撞击导致的，并可能涉及手指、肩膀、膝盖或其他关节。在素质拓展训练中，学生可能会因用力不当或外伤造成关节脱位，脱位部位一般为下颌、肩、髋关节等。

发生关节脱位的情况后，首先，要确保受伤者的安全和舒适。避免受伤者的进一步移动或使用受伤的关节，因为这可能会导致更多的伤害。其次，固定受伤者的受伤关节的位置。使用绷带、护腕或其他适当的物品稳定受伤部位，减少受伤者的疼痛。再次，冷敷受伤者的受伤关节。发生关节脱位后，受伤者的受伤关节会出现肿胀、淤血等情况，在这种情况下，对受伤关节进行冷敷可以减少受伤者的疼痛感。需要注意的是，不建议非医疗专业人员对其进行关节复位，以免造成永久性损伤。最后，将受伤者尽快送往医疗机构进行进一步的评估和治疗。

七、关节扭伤

当关节被迅速扭曲或超出其正常活动范围时，可能会导致关节扭伤。关节扭伤通常伴随着疼痛、肿胀和僵硬感。受伤的关节可能难以移动，有时也可能出现轻微的瘀血。扭伤程度的轻重不一，但无论是轻微的扭伤还是严重的损伤，都可能对受伤关节造成长期伤害。

正确处理关节扭伤的方法：为了缓解疼痛和肿胀，应立即对受伤者的受伤部位冷敷。将冰块或冷冻凝胶包裹在干净的毛巾中，并放置在受伤者的受伤关节上，每次 15 ～ 20 分钟。此外，为了减轻肿胀，受伤者可以将受伤的部位抬高，使其高于心脏。在受伤后的初期，应避免热敷，因为这可能会加重肿胀。与此同时，为了进一步保护受伤关节，可以使用弹性绷带将其包扎起来，但注意不要绑得太紧，以免影响血液的正常循环。如果关节疼痛持续或者伤势加重，应尽快就医。在受伤之后，受伤者应该避免对受伤关节施加过多压力，直到它完全康复。

八、鼻腔出血

鼻腔出血，常被称为鼻出血，是素质拓展训练中可能遭遇的一种情况。这种现象通常因鼻腔内的血管破裂而引发。发生鼻腔出血的原因多种多样，包括干燥的环境、挖鼻孔、鼻部受伤、高血压或某些药物的副作用等。

当发生鼻腔出血的情况时，首要任务是保持冷静，避免因恐慌而使情况恶化。应让患者坐直，身体稍稍前倾，这样可以防止血液流入喉咙，避免咽下血液产生的不适。同时，用拇指和食指轻轻夹住鼻的两侧，持续数分钟，这有助于止血。呼吸时，应通过嘴巴进行，避免吸入鼻中的血液。若上述措施并未让出血停止，可在鼻孔中放入冷毛巾或湿润的纱布，帮助止血。在鼻出血过程中，应避免挖鼻孔或用力擤鼻涕，因为这可能会破坏已经形成的血块，导致出血再次发生。鼻出血停止后，24 小时内避免触碰鼻部或挖鼻孔，以确保鼻腔完全愈合。如果在短时间内频繁出现鼻出血或出血持续时间过长的情况，应尽快咨询医生。

实践案例：

Z 同学安全伤害事故剖析

某天，Q 高校的两位教师根据教学计划对新生开展素质拓展训练课程的教学，然而在中空项目“空中十连环”项目上却发生了意外。该项目要求每轮要有一至三名学生挑战五个空中桥面项目，桥面下是户外安全保护网。整个活动看似简单，实际上对于学生的感知力、心理承受能力以及自我决断能力都具有较高的要求。Z 同学是一个身体微胖但是很有活力的女生，她非常积极地参加了这次的素质拓展训练课程。然而，当她挑战第三个空中桥面项目“独木桥”时，可能由于其站在中间位置，被同组的女生拽了一把，最终两人都失去了平衡，直接从“独木桥”上摔了下来，摔落在安全网上。虽然有安全网的保护，但 Z 同学的脚踝受到了一定的冲击，还被同组女生压在身下，其当时就出现了疼痛感。见状，负责此次活动的两位教师立刻停下了训练，冷静地用户外破网装备从安全网下方破开安全网，安排 6 名男生在下方接住 Z 同学，并且查看伤势。在确认无开放伤口后 C 教师用夹板固定住患肢，J 教师带领四位男生将 Z 同学送到学校附近的医院进行进一步的检查和处理。与此同时，C 教师向其他学生解释了这次事故的原因和后果，强调了安全训练的重要性。

此次事故也为高校开展素质拓展训练带来了一定的启示。首先，无论活动看起来多么简单，学生和教师的安全始终都是第一位的。其次，教师在组织这样的活动时，应确保所有的安全设备都已到位，并对学生进行充分的安全指导。此外，学生自身也要认识到，勇敢并不意味着鲁莽，真正的勇气是了解自己的极限，并在此基础上努力。虽然这次的事故并未造成严重的后果，但它为参加素质拓展训练的学生和教师敲响了警钟，提醒其在今后的训练中，必须时刻把安全放在首位。

参考文献

[1] 段国萍 . 素质拓展训练 [M]. 上海：上海交通大学出版社，2014.

[2] 李清 . 大学生素质拓展训练 [M]. 中国原子能出版社，2014.04.

[3] 吴兆方，陈光曙 . 大学生素质拓展训练 [M]. 上海：同济大学出版社，2010.

[4] 陈和，李平媛，李敏 . 大学生综合素质拓展训练 [M]. 北京：北京交通大学出版社，2007.

[5] 邢雷，郑宇 . 素质拓展训练 [M]. 北京：北京师范大学出版社，2014.

[6] 李婷婷，刘欢 . 体验式职业素质培养教程 [M]. 上海：上海交通大学出版社，2016.

[7] 贺道远，宋经保 . 运动健身理论与方法 [M]. 武汉：武汉大学出版社，2018.

[8] 李文国，刘庆君，张莉莉 . 团队拓展训练教程 [M]. 大连：东北财经大学出版社，2015.

[9] 威廉·H. 克伯屈 . 设计教学思想与《教学方法原理》选读 [M]. 北京师联教育科学研究所，编译 . 北京：中国环境科学出版社，2006.

[10] 中华人民共和国教育部 . 全国普通高等学校体育课程教学指导纲要 [J]. 中国学校体育，2002（6）：5-7.

[11] 国务院办公厅 . 国务院办公厅关于强化学校体育促进学生身心健康全面发展的意见 [J]. 中华人民共和国国务院公报，2016（14）：37-40.

[12] 中共中央办公厅，国务院办公厅 . 中共中央办公厅 国务院办公厅印发《关于全面加强和改进新时代学校体育工作的意见》[J]. 体育教学，2020，40（10）：5-7.

[13] 杨加强 . 普通高校素质拓展训练课程体系构建研究 [J]. 重庆文理学院学报（自然科学版），2009，28（6）：57-61.

[14] 夏光祥，张歌，尹伟，等 . 素质拓展训练融入小学体育教学的应用分析 [J].

当代体育科技，2014，4（16）：20-21.

[15] 黄艺农，刘雯 . 论素质拓展训练在高校培养学生中的作用及其推广 [J]. 湖南师范大学教育科学学报，2006（6）：58-61.

[16] 刘星慧 . 素质拓展训练在高职体育教学中的应用分析与研究 [J]. 中小企业管理与科技（上旬刊），2016（9）：163-164.

[17] 吴长青 . 学校体育引入拓展训练的意义与可行性分析 [J]. 山东体育科技，2006（1）：89-91.

[18] 雷瑛，张禾 . 构建以拓展素质训练为主线、三大拓展素质训练平台为基础的现代高校体育教学模式的理论研究 [J]. 浙江体育科学，2013，35(6)：55-57.

[19] 李达伟 . 拓展训练对大学生心理健康水平影响的研究 [J]. 辽宁体育科技，2011，33（5）：50-53.

[20] 孙璞，苏荣海，王振军 . 拓展训练对大学生心理素质影响的研究 [J]. 沈阳体育学院学报，2009，28（2）：108-110.

[21] 闫闯，舒琳 . 新标准背景下高校拓展训练课程教学模式探析 [J]. 运动，2017（15）：101-102.

[22] 李金芬 . 高校拓展训练课程教学体系的构建 [J]. 上海体育学院学报，2010，34（1）：80-82.

[23] 张茂泉 . 基于体验式学习的高校体育拓展训练课程设计研究 [J]. 吉林体育学院学报，2010，26（2）：124-126.

[24] 杨蕾 . 将素质拓展训练融入学生心理健康教育的实践探索 [J]. 吉林教育，2022（33）：88-90.

[25] 王首中 . 素质拓展训练融入高职思政课教学初探 [J]. 辽宁高职学报，2023，25（4）：25-28，37.

[26] 袁育明 . 新时代大学生素质拓展与礼仪教育教学融合的探索与实践 [J]. 财富时代，2020（12）：159-160.

[27] 何蓓 . 素质拓展训练对大学生主观幸福感的影响与干预研究 [J]. 大众标准化，2020（8）：125-126.

[28] 张越 . 素质拓展训练对大学生人际交往能力的影响研究 [J]. 山西青年，2021（8）：109-110.
[29] 翟翔 . 拓展训练课程对大学生心理素质的影响 [J]. 哈尔滨体育学院学报，2020，38（6）：91-96.
[30] 梁建勋 .OBE 理念下拓展融入大学生创新创业教育的研究 [J]. 河北广播电视大学学报，2020，25（2）：75-79.
[31] 崔普斌 . 市场导向下高职院校素质拓展训练课程体系构建探索 [J]. 安徽水利水电职业技术学院学报，2022，22（3）：93-96.
[32] 张和峰 . 成功素质教育理念下大学生“适应性”素质拓展训练课程设置 [J]. 科技信息，2012（1）：282.
[33] 汪建丰，沈月娣，孙和平 . 本科专业理论课程实施项目式教学的理论与实践 [J]. 现代教育科学，2012（11）：52-56.
[34] 徐朔 . 项目教学法的内涵、教育追求和数学特征 [J]. 职业技术育，2008，29（28）：5-7.
[35] 郭华 . 项目学习的教育学意义 [J]. 教育科学研究，2018（1）：25-31.
[36] 许龙成 . 大学生素质拓展训练课程安全保障体系的研究 [J]. 荆楚理工学院学报，2010，25（11）：75-77.
[37] 孙泉勇 . 拓展训练对大学生“软实力”培养的实验研究：以安徽工程大学为例 [D]. 合肥：安徽工程大学，2011.
[38] 许晓部 . 拓展训练对学生若干心理指标影响的实验研究：以高职高专院校为例 [D]. 苏州：苏州大学，2010.
[39] 董亮 . 武汉高校拓展训练开展现状与发展对策研究 [D]. 武汉：华中师范大学，2013.
[40] 宋娟 . 南京高校开展拓展训练课程的研究 [D]. 南京：南京大学，2013.
[41] 李庆岩 . 企业培训新形式：素质拓展训练的研究 [D]. 天津：天津大学，2009.
[42] 白琳娜 . 拓展训练引入邢台市高校公共体育课的可行性研究 [D]. 石家庄：河北师范大学，2015.

[43] 贾建红 . 拓展训练对高中生团队精神的影响研究 [D]. 苏州：苏州大学，2010.

[44] 黄紫霞 . 素质拓展训练对初中生心理健康和人际信任影响的实验研究 [D]. 温州：温州大学，2019.

[45] 尚悦 . 北京市普通高校拓展训练课程设计的研究 [D]. 北京: 北京体育大学，2007.

[46] 肖潇 . 拓展训练在高校公共体育教学中的推广研究 [D]. 苏州：苏州大学，2013.